Allegria

Die Autorin

Ingrid Kraaz von Rohr ist eine der bekanntesten deutschen Heilpraktikerinnen und bekannt für ihre Bücher über Farbheilung und ihre Lichtarbeit. Seit Jahrzehnten setzt sie sich für vegetarische und vegane Lebensweise ein und hält Vorträge zur veganen Ernährung.

Von der Autorin sind in unserem Hause erschienen:

Die Spur des Lichts (Allegria)
Das Phönix-Prinzip (mit Gabi Pörner)
Kraft und Magie der Farben

Ingrid Kraaz von Rohr

Die Seele is(s)t vegan

Bewusste Lebensweise
für jeden Tag

Ullstein

Besuchen Sie uns im Internet:
www.ullstein-taschenbuch.de

Allegria im Ullstein Taschenbuch

Ullstein Taschenbuch ist ein Verlag der Ullstein
Buchverlage GmbH, Berlin.
Originalausgabe im Ullstein Taschenbuch
1. Auflage April 2014
© 2014 by Ullstein Buchverlage GmbH, Berlin
Lektorat: Gudrun Jänisch
Umschlaggestaltung: Torge Niemann
Satz: Keller & Keller GbR
Gesetzt aus der Minion
Munkenprint von
Arctic Paper Munkedals AB, Schweden
Druck und Bindearbeiten:
DBM Druckhaus Berlin-Mitte GmbH
Printed in Germany
ISBN 978-3-548-74609-8

»Wenn es uns möglich ist, zu wählen,
dann sollten wir uns so ernähren, dass
unser Geist und unser Körper und die
Umwelt keinen Schaden nehmen.«

Ingrid Kraaz von Rohr

Inhalt

Vorwort

Als ich während meines Studiums schwanger wurde, hatte ich nur das Eine im Sinn: Mein Baby soll gesund zur Welt kommen!

So kam es, dass ich Vegetarierin wurde. Erst sehr viel später entwickelte ich ein anderes Denken. Einer der ersten Filme von Wolfgang Koron »Fleisch frisst Menschen« über die grausame Masttierhaltung, über die entsetzlichen Viehtransporte und über das Schlachten in großen Schlachthöfen wurde Anfang der 80er Jahre im Fernsehen gezeigt. Menschen gingen auf die Straße und protestierten gegen das Tragen von Pelzen.

Und dann wurden Berichte veröffentlicht, wie der Kreislauf der Ausbeutung von Mensch, Landschaft und Tier abläuft. Immergrüne Wälder wurden zum Nutzen großer Fastfood-Konzerne für riesige Weideflächen abgeholzt. Dort sollten Tiere grasen, um sie später zu töten und den Menschen als Fleisch zu verkaufen. Ob bewusst oder nicht, der Klimawandel machte sich bemerkbar. Wälder haben eine wichtige Funktion. Sie beeinflussen die Klimaregulation eines Ökosystems, die Kohlendioxidspeicherung sowie das Sauerstoff- und Wasserangebot. Die Menschen, die auf den abgeholzten Flächen lebten, hatten ihre Grundlage zum Überleben verloren.

Es folgten weitere Reportagen und Filme über die Massentierhaltung. Sie zeigten das furchtbare Leiden der Kühe und Hühner. Horror! Darum entschied ich mich, vegan zu denken und zu leben. Milch, Butter und Käse von Kühen, die unter diesen Umständen in einer Maschinerie aufwachsen und mit Hormonen, Anabolika, Medikamenten und Antibiotika gefüttert werden, das wollte ich nun wirklich nicht mehr.

Früher, so erinnerte ich mich, wurden die Kühe wie Familienmitglieder behandelt. Sie hatten eigene Namen, Lisa oder Resi. Die Milch wurde mit der Hand gemolken, und auch nur so viel wie notwendig, damit das Kalb noch genug Muttermilch bekommen konnte.

Es entwickelte sich eine neue Art von Wachsamkeit in mir. Wie es die diversen Berichte auch nennen wollen, für mich ist das vegetarisch-vegane Essen keine Ersatzreligion oder Philosophie oder gar Statussymbol: Ich habe mein Augenmerk einfach auf ethische und gesunde Grundlagen gelegt.

Mein Buch habe ich in vier Bereiche gegliedert.

Der erste Teil enthält Fakten, die Sie annehmen können oder nicht. Im zweiten Teil beantworte ich die Frage: »Wie stelle ich mich auf vegan um?« Im dritten Teil gebe ich auf viele Fragen konkrete Antworten, und der vierte Teil enthält Gesundheitstipps.

Wenn Sie das alles gelesen haben, können Sie selbst entscheiden, was Ihnen wichtig im Leben ist und was nicht: Ist Essen ein Statussymbol für Sie, ein gesundheitlicher Aspekt oder eine ethische und moralische Lebensweise?

Ich wünsche Ihnen viel Freude für den Weg zu einer neuen Erkenntnis und Wachsamkeit, etwas zum Guten in der Welt und für Sie persönlich zu verändern!

Ingrid Kraaz von Rohr

Einleitung

»Der Mensch ist, was er isst« – ein Ausspruch, den viele kennen, aber teilweise noch nicht vollständig in ihrem Bewusstsein verankert haben. Mit anderen Worten: Es sind lange noch nicht alle Menschen zum strengen Vegetarier oder Veganer geworden. Der Grund: Unwissenheit. Es gibt jedoch mehr und mehr Teilzeit-Vegetarier und Veganer. Sind nun Veganer die besseren Menschen?

Vegan ist eine Einstellung, Lebensweise, Ernährungsweise und bedeutet Achtsamkeit gegenüber allen Lebewesen. Es gibt natürlich diverse Motive für eine vegane Lebenseinstellung. Zum einen sind es die Ethik, der Respekt und die Achtsamkeit gegenüber allen Lebewesen. Zum anderen sind es der Umweltschutz, der ökologische Landbau, die Gesundheit im Allgemeinen, das Welternährungsdilemma sowie religiöse, spirituelle und wirtschaftspolitische Ansätze. Das vegane Denken und Verhalten bedeutet, keine Tiere zu töten, keine tierischen Produkte zu benutzen oder gar zu konsumieren. Das Hauptmotiv gilt jedoch dem Tierschutz. Veganer wollen Moral und Ethik in das Essen zurückbringen. Und es gibt genügend Argumente dafür. Denken wir nur an die Massentierhaltung, an Dioxine, Antibiotika und Hormone im Futter. Fleischverächter gelten als cool und modern – und mehr denn je Menschen leben danach. Wahrscheinlich sind es inzwischen 10 Prozent der Bevölkerung in den westlichen Ländern.

In den Ländern des fernen Ostens, wo die vegetarisch-vegane Ernährung seit Jahrtausenden dominiert, erkannten Menschen schon damals, dass alles, was sie zu sich nehmen und essen, ein Teil ihres Körpers wird und auch ihre Gedanken beeinträchtigt. Es wird davon ausgegangen, dass beim Verzehren von tierischen Produkten die mentalen und emotionalen Schwingungen sowie die Eigenschaften dieser Tiere zu einem Teil ihrer eigenen Natur werden. Das ist einer der Hauptgründe, warum eine rein pflanzliche Nahrung dem mentalen und geistig-spirituellen Gleichgewicht des Menschen besser entspricht.

Rein spirituell betrachtet, sind Pflanzen auch Lebewesen. Da wir unter dem Gesetz von »Ursache und Wirkung« (Karma) leben, hat jede Handlung eine Rückwirkung. Dies gilt auch für die Ernährung. Deswegen sagen die Heiligen, wir sollten die Nahrung wählen, die den geringsten Schmerz und die geringste Sünde verursacht, denn ohne Nahrung kommen wir nicht aus.[1] Diesbezüglich lehren die alten Schriften, dass in den Pflanzen, im Vergleich zu den anderen Lebensformen wie Mensch, Säugetier, Vogel und Reptil, die geringste Lebenskraft steckt.

Ihre Erklärung ist, dass es fünf schöpferische Einzelelemente (*Tattwas)* gibt: Erde, Wasser, Feuer, Luft und Äther. Der menschliche Körper enthält alle fünf Elemente und wird als der höchste und wertvollste in dieser Schöpfung betrachtet. Die nächsten auf der Werteskala sind die Vierfüßler und Säugetiere, die vier Tattwas oder Elemente haben. Das Ätherelement fehlt ganz oder ist nur zu einem verschwindend geringen Anteil vorhanden. Die dritte Klasse umfasst die Vögel, die drei aktive Elemente in sich haben – Wasser, Feuer und Luft. Noch geringer ist der Wert von Reptilien, Würmern und Insekten, die nur zwei Tattwas oder Elemente in sich haben – Erde und Feuer. Der geringste Wert liegt in Wurzeln, Gemüse und Früchten, die nur das Element Wasser in aktivem Zustand enthalten. Karmisch gesehen verursacht deshalb die Ernährung mit Gemüse, Obst und Früchten die wenigsten Leiden. Entscheidet sich der Mensch dafür, nimmt er die geringste karmische Schuld auf sich.

Das Magazin *STERN* veröffentlichte 2011 eine Studie. Sie wies nach, dass fleischlos leben glücklich macht.[2] Darin heißt es, dass diese vegetarisch-vegane Ernährungsweise »hip« ist.

Was bedeutet eigentlich vegan? Die Vegan Society von 1979 bezeichnet vegan als »*Philosophie und Lebensart*«, die versucht, »*soweit wie möglich und praktisch durchführbar, alle Formen der Ausbeutung und Grausamkeiten an Tieren für Essen, Kleidung oder andere Zwecke zu vermeiden und darüber hinaus die Entwicklung tierfreier Alternativen zu fördern*«, was Menschen, Tieren und der Umwelt zum Vorteil gereichen soll. In diesem Sinn sind strenge Vegetarier bereits Veganer.

Teil 1

Vegane Fakten

Die Zusammensetzung
des Wortes vegan

In England wurde 1944 die Vegan Society von Donald Watson (1910–2005) gegründet. Er war der Erfinder des Wortes »vegan«. Bereits in jungen Jahren besuchte er sehr oft den Bauernhof seines Onkels.

Und er erinnerte sich: »*Ich war umgeben von interessanten Tieren. Sie gaben alle etwas: Ein Pferd zog den Pflug, ein anderes zog den Einspänner, die Kühe gaben Milch, die Hennen gaben Eier und der Hahn war eine nützliche Alarmanlage – zu dieser Zeit hatte ich noch nicht erkannt, dass er auch noch eine andere Funktion innehatte. Die Schafe gaben Wolle. Ich konnte nie verstehen, was Schweine hergaben, aber sie waren so freundliche Kreaturen – immer froh, mich zu sehen.*«

Sein Leben veränderte sich grundlegend, als er beobachtete, wie ein Schwein geschlachtet wurde – fortan aß er kein Fleisch, er wurde Vegetarier. Als er entdeckte, wie die Milchproduktion ablief, wurde er Veganer.

Dies war die Motivation, Vegan Society zu gründen. Ein Mitglied schlug vor, ein Wort zu erfinden, das die Ernährungsweise beschreibt. Watson verband einfach die drei ersten und die beiden letzten Buchstaben des englischen Wortes »vegetarian« (vegetarisch). So entstand das Wort »vegan«. Dieser Begriff hat sich bis heute durchgesetzt.

Im Oxford Illustrated Dictionary steht seit 1962 unter »vegan«: *Vegetarier, die weder Butter, Milch oder Käse zu sich nehmen.* Im Concise Oxford Dictionary, 9. Auflage, steht seit 1995: *Veganer sind Personen, die keine tierischen Produkte essen oder benutzen.* Im Merriam-Webster's Collegiate Dictionary steht seit der 10. Auflage im August 2010 unter dem Begriff »vegan«: *Vegetarier, die weder tierische Nahrung noch Milchprodukte konsumieren und die Nutzung tierischer Produkte insgesamt vermeiden.* Im deutschen Duden steht unter Veganer/Veganerin: *Vegetarier, die vollständig auf tierische Produkte verzichten. Anhänger des Veganismus.*

Die allgemeinen Motive, vegan zu leben

Veganer sind Menschen, die keine Produkte vom Tier nehmen. Das bedeutet, nicht nur wie die Vegetarier auf Fleisch und Fisch zu verzichten, sondern auch auf Eier, Milch, Butter und Käse sowie auf alle anderen Tierprodukte. »Vegan« zu leben heißt, diese Grundsätze soweit wie möglich einzuhalten. Dies bezieht sich ebenfalls auf die Anwendung von Kosmetika, die ohne Tierversuche und Tierprodukte hergestellt werden sowie auch auf Alltagsgegenstände und -produkte, auf Kleidung und Stoffe. Der leitende Gedanke im Veganismus ist, das Leiden der Tiere und ihre Ausbeutung zu verringern.

Vegan zu leben oder sich zu ernähren ist eine bewusste Entscheidung, die immer mehr Menschen wählen. In Deutschland gibt es derzeit ca. 700.000 Veganerinnen und Veganer. Und es werden immer mehr, die moralisch und ethisch etwas verändern wollen, zum eigenen und zum Nutzen für die gesamte Weltsituation. Allen Kindern dieser Erde soll eine gute Zukunft gesichert werden.

An dieser Stelle möchte ich aus unserem deutschen Grundgesetz zum Tierschutz (TierSchG) zitieren:

§1 Grundsatz: *»Zweck dieses Gesetzes ist es, aus der Verantwortung des Menschen für das Tier als Mitgeschöpf dessen Leben und Wohlbefinden zu schützen. Niemand darf einem Tier ohne vernünftigen Grund Schmerzen, Leiden oder Schäden zufügen.«*

Besondere
Gruppierungen und Definitionen

Es gibt einige Unterschiede bei den Vegetariern und Veganern.

***

Ovo-Lakto-Vegetarier

Es ist bisher die größte Gruppe der Vegetarier. Fleisch und Fisch werden vermieden, jedoch Milchprodukte und Eier gegessen.

***

Lakto-Vegetarier

Dies ist eine stetig wachsende Gruppe, die vor allem in Asien vorkommt. Fleisch, Fisch und Eier werden aus verschiedenen Beweggründen nicht gegessen. Jedoch sind Milchprodukte, Joghurt und Käse in der Ernährung enthalten.

***

Ovo-Vegetarier

Meist wurde diese Form der Ernährung aus gesundheitlichen Gründen wegen einer tierischen Eiweißallergie (Laktose-Allergie und -Intoleranz) gewählt. Es werden keine Fisch-, Fleisch- und Milchprodukte gegessen, aber Eier.

***

Veganer

Gesundheitliche Aspekte , aber auch ethische und moralische Gründe sind ausschlaggebend. Es wird ausschließlich pflanzliche Nahrung zu sich genommen. Veganer verzichten auch auf tierische Produkte wie Honig, Leder, Stoffe oder Kosmetika aus tierischen Produkten. Abgelehnt werden auch Tests an Tieren.

***

Bio-Veganismus

Bio-vegane Ernährung beschränkt sich auf Lebensmittel, die unter ökologischen Gesichtspunkten produziert werden. Auch wird die Haltung von Tieren in der landwirtschaftlichen Produktion abgelehnt.

***

Freeganismus

(engl. Free »frei« und vegan). Hier wird auf den negativen Einfluss des Menschen auf die Umwelt, die Tierwelt und das menschliche Leben insgesamt hingewiesen. Es geht um eine möglichst umfassende Verweigerung der Teilnahme an einer kapitalistischen Volkswirtschaft. Es ist ein Boykott gegen die Überfluss- und Wegwerfgesellschaft. Die vegane Ernährung wird gewählt, da damit das Risiko geringer ist, Lebensmittelvergiftungen zu bekommen.

***

Frugane Ernährung

Der Verzehr von Früchten bedeutet keine Zerstörung der Pflanze. Sie kreiert kein Karma. Die Ernährung besteht aus Nüssen, Samen und Obst. Die Gewaltlosigkeit und der Erhalt der Pflanzen ist einem Fruganer sehr wichtig.

***

Vegane Rohkost

Eine Rohkosternährung aus pflanzlicher Herkunft.

***

Pudding-Veganer

Es wird nicht auf ausgewogene Ernährung geachtet und sehr oft werden nur Fertiggerichte und Süßigkeiten gegessen, was gesundheitliche Beeinträchtigungen nach sich ziehen kann.

***

Die bekannten Vegetarier und Veganer der westlichen Welt

Als erster berühmter Vegetarier in der westlichen Welt gilt der griechische Gelehrte *Pythagoras* (ca. 570–500 v. Chr.). Sein Leitspruch war: »*Alles, was der Mensch den Tieren antut, kommt auf den Menschen zurück.*«

Pythagoras und seine Anhänger lehnten es ab, dass religiöse Tieropfer dargereicht wurden, weder als Opfer noch zum Essen. Sie waren der Ansicht, ein Mensch solle ein Tier nicht essen, denn der Fleischgenuss mache aus ihnen eine Kriegsmaschine, mordlüstern und aggressiv. Sie deklarierten: Solange der Mensch Tiere tötet, wird er auch Menschen töten.

Es folgten als Nachahmer der römische Dichter *Ovid* (43 v. Chr.–17 n. Chr.), der römische Philosoph *Seneca* (1–65 n. Chr.), der griechische Schriftsteller und Historiker *Plutarch* (45–120 n. Chr.).

Plutarch schrieb: »*Könnt ihr wirklich die Frage stellen, aus welchem Grunde sich Phytagoras des Fleischessens enthielt? Ich für meinen Teil frage mich, unter welchen Umständen und in welchem Geisteszustand es ein Mensch das erste Mal über sich brachte, mit seinem Mund Blut zu berühren, seine Lippen zum Fleisch eines Kadavers zu führen und seinen Tisch mit toten, verwesenden Körpern zu zieren, und es sich dann erlaubt hat, die Teile, die kurz zuvor noch gebrüllt und geschrien, sich bewegt und gelebt haben, Nahrung zu nennen. Es handelt sich gewiss nicht um Löwen und Wölfe, die wir zum Selbstschutz essen – im*

Gegenteil, diesen Tieren schenken wir keine Beachtung: Vielmehr schlachten wir harmlose, zahme Geschöpfe ohne Stacheln und Zähne, die uns ohnehin nichts anhaben könnten. Um des Fleisches willen rauben wir ihnen die Sonne, das Licht und die Lebensdauer, die ihnen von Geburt an zustehen. Wenn ihr nun behaupten wollt, dass die Natur solche Nahrung für euch vorgesehen hätte, dann tötet selbst, was ihr zu essen gedenkt – jedoch mit euren naturgegebenen Mitteln, nicht mit Hilfe eines Schlachtmessers, einer Keule oder eines Beils.«

Diese Gelehrten und Schriftsteller hinterließen jedoch keine größere Bewegung des Vegetarismus. Die damaligen Vegetarier wurden als *Phytagoräer* bezeichnet.

Im Mittelalter waren es die bekannten Vertreter der Aufklärung, wie der Kirchengegner *Voltaire* (1694–1778) und der französische Schriftsteller *Jean-Jacques Rousseau* (1712–1778), die ihre Aufmerksamkeit wieder auf die vegetarische Ernährung legten (siehe auch Kapitel *Vegane Kost für Kinder*, S. 84).Ein berühmtes Zitat von Voltaire lautet: *»Kann es denn etwas Abscheulicheres geben, als sich beständig von Leichenfleisch zu ernähren?«*

Unser großer deutscher Dichter *Johann Wolfgang von Goethe* (1749–1832) sprach: *»Die religiöse Ehrfurcht vor dem, was unter uns ist, umfasst natürlich auch die Tierwelt und legt den Menschen die Pflicht auf, die unter ihm entstehenden Geschöpfe zu ehren und zu schonen.«*

Die Schwierigkeit, in der Geschichte mehr über Vegetarier oder Veganer zu finden, liegt ganz einfach darin, dass es früher den Begriff noch gar nicht gab. Erst 1847 wurde in England das Wort *Vegetarier* eingeführt. Es entstand aus dem Begriff »*vegetable*« (Gemüse, pflanzlich) aufgrund der Menschen, die sich fleischlos ernährten.

Im 19. Jahrhundert konnte die Bewegung in Europa richtig Fuß fassen. Wissenschaftler, Schriftsteller und Philosophen setzten sich öffentlich für eine pflanzliche Ernährung ein. Der deutsche Wissenschaftler und Begründer der wissenschaftlichen Geografie *Alexander von Humboldt* (1769–1859) begründete eine pflanzliche Ernährung so:

»*Dieselbe Strecke Landes, welches als Wiese, d. h. als Viehfutter, zehn Menschen durch das Fleisch der darauf gemästeten Tiere aus zweiter Hand ernährt, vermag, mit Hirse, Linsen und Gerste bebaut, hundert Menschen zu erhalten und zu ernähren.*« Und weiter: »*Grausamkeiten gegen Tiere kann weder bei wahrer Bildung noch wahrer Gelehrsamkeit bestehen. Sie ist eines der kennzeichnendsten Laster eines niederen und unedlen Volkes.*«

Der berühmte russische Schriftsteller *Fjodor Michailowitsch Dostojewski* (1821–1881) forderte: »*Liebe die Tiere, liebe jegliches Gewächs und jegliche Dinge!*«

Der bekannte amerikanische Erfinder der Glühbirne, des Mikrophons und vieler anderer Dinge, *Thomas Alva Edison* (1847–1931) bekannte sich: »Ich bin sowohl Vegetarier als auch leidenschaftlicher Anti-Alkoholiker, weil ich so besseren Gebrauch von meinem Gehirn machen kann.«

Jeder kennt den Entwickler der Relativitätstheorie, den Physik-Nobelpreisträger von 1921, *Albert Einstein* (1879–1955). Auch er hat sehr viel über die pflanzliche Ernährung gesprochen, u. a.: »*Nichts wird die Chance auf ein Überleben auf der Erde so steigern wie der Schritt zur pflanzlichen Ernährung.*«

Im Jahr 1847 wurde in Manchester der erste Vegetarier Verein (*Vegetarian Society oft the United Kingdom*) gegründet.

Es folgte eine deutsche Vereinigung 1867 in Nordhausen im Harz. In Leipzig schlossen sich zwei Dachverbände zusammen mit dem Namen *Deutscher Vegetarier-Bund*. In Berlin-Oranienburg entstand eine Lebensformbewegung, welche die *vegetarische Obstbaugenossenschaft Eden* gründete. Immerhin lebten etwa 1000 Menschen im organisierten »*Eden*«. Die Gründe für ein fleischloses Leben waren unterschiedlich. Zum einen war es der hygienische Aspekt. Man ging davon aus, dass viele Krankheiten durch den Fleischkonsum entstehen. Soziale, wirtschaftliche und ethische Auffassungen waren weitere Gründe. Der dritte Aspekt war der Tierschutz und der Gedanke einer Veredelung der Menschheit. Einer der bekanntesten Vertreter war der deutsche Komponist *Richard Wagner* (1813–1883). Seine Motivation soll der Geiz gewesen sein, da Fleisch Geld kostete.

Im Jahr 1908 entstand die *Internationale Vegetarier-Union*, die sich jedoch 1935 auflöste. Und mit der Entwicklung der Homöopathie erlebte nach dem Ersten Weltkrieg Deutschland einen Boom »zurück zur Natur und ethischen Lebensweisen«.

Die Genossenschaft »*Eden*« bestand weiter und propagierte rassistisches Gedankengut. *Adolf Hitler* (1889–1945) und andere nationalsozialistische Sympathisanten des Vegetarismus waren von Richard Wagner beeinflusst. Fleischkonsum wurde als semitisch und nichtarisch kritisiert.

Es gründeten sich noch weitere unterschiedliche Lebensreformbewegungen. Speziell in Deutschland und in der Schweiz waren es zum Beispiel die Freikörperkultur-Bewegungen. Im englischen Raum spielten hingegen ethische und moralische Gründe eine Rolle. Das Glück des Gemeinwohls stand im Vordergrund, vor allem bei den Linken und unter Frauenbewegungen. In der Schweiz erklärte der Arzt *Maximilian Oskar Bircher-Benner* (1867–1939) eine vegetarische Vollwertkost als Heilmethode. Sein berühmtes *»Bircher Müsli«* hat nicht nur bei Vegetariern internationalen Anklang gefunden.

Hier das Originalrezept:

- 1 bis 2 gehäufte EL Haferflocken
  (empfindliche Menschen mit Magenproblemen
  sollten diese über Nacht einweichen)
- 3 EL Sahne, Kondensmilch, Kefir oder Joghurt,
  Veganer nehmen Hafer-, Mandel- oder Reismilch
- etwas Honig, Ahornsirup oder Birnendicksaft
- 1 Apfel, ½ Orange und eine ½ Banane
- verschiedene Beeren (frisch oder tiefgefroren)
- etwas Zitronen- oder Limettensaft.

• Die Milch, Sahne oder Joghurt mit den Haferflocken mischen, den Apfel reiben oder in Stückchen schneiden, Orangen- und Bananenstücke sowie Nüsse darunterheben. Zum Süßen naturbelassenen Honig, Ahornsirup, Kokosblütenzucker oder Birnendicksaft verwenden.

Ab 1945 entstand die *Vegetarier-Union Deutschland*, die mehrmals den Namen wechselte und seit 2008 als Verein den Namen *Vegetarierbund Deutschland* trägt.

Der Arzt, Theologe und Philosoph *Albert Schweitzer* (1875–1965) setzte sich seit seiner Jugend für den Vegetarismus ein. Ehrfurcht vor dem Leben war ja seine Lebenseinstellung.

Ein weiterer sehr berühmter Vegetarier war der indische Rechtsanwalt, Asket, Moralist und Pazifist *Mahatma Gandhi* (1869–1948). Eines seiner vielen Zitate lautet: *»Ich glaube an die Gewaltlosigkeit als einziges Heilmittel«*.

In der Mitte der 1970er Jahre entstand eine Tierrechtsbewegung. Der Auslöser war wahrscheinlich das Buch von Peter Singer *Animal Liberation* (Befreiung der Tiere).

Aufgrund des BSE-Skandals im Jahr 2000, der folgenden »Vogelgrippe« und vieler künstlich kreierten Krankheiten und der Gammelfleischskandale erreichte die vegetarische Bewegung einen weiteren Höhepunkt. Zu diesem Zeitpunkt ernährten sich circa 15 Prozent der Deutschen vegetarisch.

Warum ernähren sich Menschen vegan?

Im Vordergrund steht, die Gesundheit von Menschen und Tieren zu erhalten.

- Aber es gibt auch ethische und moralische Bedenken. Veganer/Innen lehnen es ab, dass Tiere getötet werden, um sich zu ernähren. In der Schöpfungsgeschichte unter Genesis 1 heißt es: »*Als Nahrung gebe ich euch die Samen der Pflanzen und die Früchte, die an den Bäumen wachsen und überall in und auf der ganzen Erde.*«

- Ein weiteres Thema sind der Klimawandel und die Umweltverschmutzung.

Es geht aber auch um eine neue Art von Freiheit: Veganer wollen nicht mehr unter dem Druck der großen Konzerne etwas essen, was nachweislich Schäden im Körper verursacht und Gifte hinterlässt.

- Ein weiteres wichtiges Anliegen ist inzwischen der Tierschutz. Veganer sind zum Beispiel vehement dagegen, dass Küken oder Kälber sterben müssen, weil sie nicht in das wirtschaftliche Konzept der Massenproduktion von Eiern und Milch passen.

- Eier werden gemieden, weil bei der Züchtung von Legehennen zur Hälfte männliche Küken ausgebrütet werden. Diese werden direkt nach dem Schlüpfen aussortiert und lebendig vergast oder in einen Schredder geworfen. Aber auch hier gibt es ethische Bedenken: Denn Eier sind für den Nachwuchs vorgesehen, ob bereits befruchtet oder nicht. Außerdem wurde festgestellt, dass Eier nach zwei bis fünf Tagen mit Bakterien kontaminiert sind (oft Salmonellen).

- Die Haltung im Stall und der Transport der Tiere sind in keiner Weise tiergerecht. Beim Schlachten erleiden die Tiere meist noch viel Schmerz, der sich wie ein Stempelabdruck in den Zellen verewigt.

- Die Gedanken der Tiere und ihre Ängste werden bei jedem Bissen Fleisch übernommen.

- Die vegane Ernährung hilft bei der Lösung der Umweltprobleme, die durch Pestizide, Überdüngung und die Emission von Treibhausgasen hervorgerufen werden.

- Es geht auch um die Ernährungsgerechtigkeit. Die Massentierhaltung gilt als Verschwendung von Kalorien. Die kostspielige Fütterung der Masttiere mit Eiweiß und anderen Nährstoffen produziert keine Lebensmittel, die dringend gebraucht werden.

- Vegane Ernährung kann helfen, Krankheiten zu lindern oder gar zu heilen. Es geht dabei insbesondere um die vielen Allergien, die durch Antibiotika und Hormone ausgelöst werden, die die Tiere erhalten haben.[3]

Globale und ökologische Gründe, vegan zu leben

Das grundlegende Anliegen eines Veganers ist, dabei zu helfen, die Ernährungssituation in den Entwicklungsländern wesentlich zu verbessern. Es geht wirklich hierbei um die ganze Weltsituation, wenn große Waldflächen für Weideland oder für den Anbau von Futtermitteln gerodet werden. Die Veganer wollen, dass Menschen sich frei entscheiden können, ob auf der gleichen Fläche Land 100 Kilogramm Fleisch oder 12 000 Kilogramm Karotten, 8000 Kilogramm Äpfel oder 2000 Kilogramm Kirschen erzeugt werden.

Aus Studien geht hervor, dass für die durchschnittliche US-amerikanische Ernährung mehr Land-, Energie- und Wasserressourcen verbraucht werden als für eine ovo-lakto-vegetarische.[4] Die Viehhaltung benötigt deutlich mehr Wasser als die Pflanzenproduktion. In Deutschland ist die tierische Landwirtschaft einer der größten Wasserverbraucher. Für die Produktion von nur einem Kilogramm Fleisch wird so viel Wasser benötigt, dass ein Mensch davon ein ganzes Jahr lang duschen könnte. Wussten Sie, dass 70 Prozent der Sojaproduktion und 36 Prozent des weltweit erzeugten Getreides für die Fleischproduktion verwendet wird?

Die traditionelle Landwirtschaft mit Viehhaltung und Ackerbau geriet ins Ungleichgewicht. Die einfachen Bauern in Mitteleuropa können aufgrund der überwiegenden Tierhaltung ihr Land nicht mehr für die Pflanzenproduktion nutzen. Riesige Wälder wurden abgeholzt, um Weideflächen für die Tiere anzulegen, wie zum Beispiel der Regenwald in Brasilien. Die Vergiftung des Bodens und der Umwelt, u. a. durch Methangase der Ausscheidungen der Weidetiere, durch Überdüngung und der damit verbundenen Lebensraumverschmutzung werden laut FAO-Prognosen in der Zukunft stark ansteigen.[5]

Hinzu kommt die Gefahr der stetigen globalen Erwärmung der Erdatmosphäre. Viehhaltung produziert mehr Treibhausgase als pflanzliche Produktion. Wenn Sie lesen, dass die Geschwindigkeit beim Fahren auf der Autobahn wegen der schädlichen Abgase reduziert werden soll, dann überdenken Sie folgendes: Ein Rind erzeugt genauso viel Treibhausgas im Jahr wie ein Auto, das 18 000 Kilometer pro Jahr zurücklegt. Die weltweite Rinderzucht erzeugt demnach mehr klimaschädigende Gase als alle Autos der Welt zusammen.[6]

Einer Simulation zufolge würde der Kapitalwert der Vermeidungskosten von Treibhausgasemissionen im Zeitraum 2000–2050 unter Annahme eines kompletten globalen Fleischverzichts massiv reduziert[7]. Würde der globale Fleischkonsum ab 2015 innerhalb von 40 Jahren auf weniger als ein Drittel reduziert, würden einer weiteren Studie zufolge die Lachgas- und Methanemissionen der Landwirtschaft unter das Niveau von 1995 sinken.[8]

»Deutschland wird immer mehr zum Maststall und Schlachthaus Europas. 2,5 Millionen Schweinemastplätze und 40 Millionen Mastplätze für Hähnchen übersteigen jede Vorstellungskraft. Mastanlagen, in denen Zehntausende Tiere eingepfercht sind, erfordern ja zwangsläufig einen immens hohen Einsatz von Medikamenten und Antibiotika, denn sollten auch nur einige Tiere erkranken, ist die Ansteckungsgefahr für den gesamten Restbestand sehr hoch. Daher werden vorbeugend Medikamente und Antibiotika in Massen eingesetzt.«[9]

Die Folge: Rückstände der Arzneien landen auf dem Teller der Verbraucher, und Antibiotikaresistenzen werden zunehmend zum Problem. Gülle und Mist gelangen als Dünger auf die Felder und werden mit dem Regen in Flüsse, Seen, Meere und in das Grundwasser geschwemmt. Eine Belastung mit Fäkalkeimen wurde bereits an vielen Badestränden nachgewiesen, vom Starnberger See in Bayern bis zur Nord- und Ostsee. Badeurlaub möchte man dort nicht mehr machen.

Der Fisch- und Artenreichtum in den Küstengebieten der Flussmündungen ist oft erschreckend gering. Steigt der Stickstoffgehalt durch die Futtermittelproduktion und industrielle Tierhaltung im Wasser an, dann sinkt der Sauerstoffgehalt und damit die Überlebenschance für die Meeresbewohner. In allen Meeren der Welt gibt es sogenannte »Todeszonen«. Das sind riesige Küstengebiete, die mit Stickstoff und Phosphaten, mit Kalium, Medikamentenrückständen, Schwermetallen und Krankheitserregern verseucht sind.

Durch die Veränderungen in der Landwirtschaft wird auch die Kulturlandschaft verändert. Die Massen an Tieren benötigen riesige Mengen an Futtermitteln. Dies führt dazu, dass immer mehr Monokulturen für Viehfutter (z. B.

Mais- oder Rapsfelder) entstehen. Die Kulturlandschaft verarmt, die Böden werden durch Pestizid- und Düngemittel vergiftet und ausgelaugt. **Während die Gewinne aus diesem Wahnsinn zu den Konzernen und Finanziers der Agro-Geschäfte fließen, bezahlen die Menschen die scheinbar billigen Nahrungsmittel teuer mit ihrer Gesundheit.**

Doch die Flächen für Futtermittel in Deutschland reichen längst nicht aus, um die vielen hungrigen Mastmäuler zu stopfen. Daher müssen Futtermittel, insbesondere Soja, aus der ganzen Welt eingekauft und importiert werden. Abholzung von Regenwäldern und die Umwandlung der kleinbäuerlichen Strukturen in eine Intensivlandwirtschaft sind die Folgen. Dafür werden große Maschinen eingesetzt, aber nur wenige Menschen benötigt. Die Menschen in den Dörfern verlieren ihre Arbeit und flüchten vom Land in die Mega-Millionenstädte, neben denen Berlin wie ein Dorf aussieht.

»Oft denken wir, dass wir ja doch nichts ändern können, doch wir belügen uns damit selbst. Unser Verhalten hat Auswirkungen auf unsere Gesundheit, auf das Land, in dem wir leben, und auf die ganze Welt. Am Esstisch kann jeder von uns beginnen, die Welt zu retten, und Sie müssen dazu noch nicht einmal vorher ihre Mails checken.«[10]

Der Insektenforscher und Biologe *Edward O. Wilson* (geb. 10.6.1929), der für seine Arbeiten und Schriften den berühmten **Crafoord**-Preis der königlich schwedischen Akademie für Wissenschaften und den **Pulitzer**-Preis für seine Bücher erhielt, sagt aus, dass bei ausschließlich vegetarischer Ernährung die aktuell landwirtschaftliche nutzbare Fläche eine Kapazität der Lebensmittelversorgung für ca. 10 Milliarden Menschen ergibt.

Deshalb hoffen und nehmen vegane Organisationen an, dass eine vegane Ernährung positive Folgen für die Welternährung hat.

Biologische Fakten –
Unterschiede zwischen Pflanzen-
und Fleischessern

O ft wird darüber diskutiert, ob der Mensch ein »Alles-
esser« (Omnivore), »Fleischesser« (Carnivore) oder
ein »Fruchtesser« (Frugivore) sei. Auch hierzu gibt es inzwischen viele wissenschaftliche Studien und Untersuchungen. Die schweizerische Vereinigung für Vegetarismus
hat die Studien von *Dr. Milton R. Mills* veröffentlicht.
(siehe die folgende Auflistung). Er gab eine vergleichende
Anatomie der essenden und kauenden Lebewesen im No-
vember 2009 heraus.[11]

– Eines der markantesten Ergebnisse ist, dass der
  Speichel von fleischfressenden Tieren keine
  Verdauungsenzyme enthält. Diese Tiere kauen
  nicht, sondern schlucken ihre Beute in großen
  Stücken herunter. Wir Menschen besitzen das
  wichtige Ptyalin, das sich beim Kauen entwickelt.
  (Deshalb sollten wir auch jeden Bissen 33 Mal
  kauen.)

– Fleischfresser haben eine weite Öffnung des
  Mauls in Relation zur Kopfgröße.

– Die Zähne eines Fleischfressers sind anders
  gewachsen und gebaut.

– Magen und Dünndarm weisen beim
  Fleischfresser andere Proportionen auf als

beim Pflanzenfresser. Der Magen eines
Fleischfressers stellt 60 bis 70 Prozent der
Gesamtkapazität des Verdauungssystems dar.

– Der Darm beim Menschen ist sehr lang
(acht Meter) und gewunden, dagegen ist er
beim fleischfressenden Tier kurz und glatt,
damit das schnell verwesende Fleisch rasch
wieder aus dem Körper gelangt.

	Pflanzen- und Früchteesser (Frugivore) Mensch, Menschenaffen	Fleischesser (Carnivore) Löwe, Tiger, Wolf
Zähne:	abgeflachte Backenzähne zum Zermahlen der Nahrung	Reißzähne, starke Eckzähne, spitze Backenzähne
Speichel:	basischer Speichel für Stärkeabbau	saurer Speichel zur Verdauung
	Speicheldrüsen (u. a. Ptyalin) für Vorverdauung	es fehlt Ptyalin, wenige Speicheldrüsen
Kiefer:	seitlich bewegbar zum Zermahlen der Speisen	nur Auf-und Abwärtsbewegung zum Reißen und Beißen

	Mensch, Menschenaffen	Löwe, Tiger, Wolf
Magen:	längliche Form, komplizierte Struktur wenig Salzsäure und Pepsine	einfacher runder Sack, 10 Mal mehr Salzsäure als bei Pflanzenessern
Darm:	lang und verschlungen, große Oberfläche	kurz, glatt, damit das verwesende Fleisch wieder schnell aus dem Körper gelangt
Leber:	kann nur die vom Körper selbst gebildete Harnsäure abbauen (kaum Urikasebildung)	viel aktiver, kann 10–15 Mal mehr Harnsäure abbauen, mehr Urikase
Vitamin C:	tägliche Zufuhr über Nahrung nötig	bildet Vitamin C selbst im Körper
Urin:	alkalisch (basisch)	sauer
Haut:	Millionen Poren, Schweißdrüsen	keine Poren, kein Schwitzen über die Haut möglich
Nägel:	flach, keine Krallen	Krallen
Gang:	aufrecht, um Früchte von Bäumen zu pflücken	waagerecht, für schnelle Fortbewegung bei der Jagd

Der allgemeine gesundheitliche Aspekt

Weltweit wurde durch viele Studien inzwischen wissenschaftlich bewiesen, dass Vegetarier und Veganer signifikant weniger an Zivilisationskrankheiten leiden, eine angenehmere Lebens- und Alterszeit erleben, weniger Krebs bekommen, bessere Blutdruckwerte aufweisen, sehr viel weniger Herz-Kreislauf-Beschwerden haben und seltener an Übergewicht leiden. Mit anderen Worten Zivilisationskrankheiten kommen bei ihnen seltener vor. Menschen, die vegan leben, erkranken wesentlich weniger an Diabetes und Krebs. Die Kontaminierung mit Salmonellen ist bei pflanzlicher Ernährung so gut wie nicht möglich.

Ein sehr großer Fleisch- und Kadaververarbeiter (Cargill) musste 2011 ca. 18 Millionen Kilo Putenfleisch wegen Salmonellenbefall zurückrufen. Die Salmonellen werden über rohe Eier und rohes Geflügel übertragen. Meistens befinden sich die Salmonellen auf der Eierschale. Oft genügt ein einziges kontaminiertes Ei, um eine Salmonellen-Epidemie auszulösen. Salmonellen kommen auch in Fisch und Fleisch, Rohmilch sowie in Speisen vor, die mit rohen Eiern gefertigt werden (Tiramisu, Mayonnaise, Eiscreme, Tortencremes, im Tartar, aber auch im weich gekochten Ei oder Spiegelei). Eine Infektion oder Salmonellose führt innerhalb von sechs Stunden bis drei Tagen zu Durchfall, Erbrechen, Bauchschmerzen und Fieber. Die Erkrankung kann aufgrund des Flüssigkeitsverlustes für Kleinkinder, Schwangere, geschwächte oder ältere Menschen lebensbedrohlich werden.

Im Frühsommer 2012 empfahl das internationale Krebs-
forschungsinstitut Lyon, den Konsum von Fleisch drastisch zu reduzieren, um Darmkrebs vorzubeugen.

Am 4. Februar war Weltkrebstag. Wenn wir über den
Kampf gegen Krebs nachdenken, fallen uns wohl als erste
die Warnbilder ein, die man mittlerweile auf Zigaretten-
schachteln in Deutschland und anderen Ländern findet.
Sie haben dazu beigetragen, dass weniger Menschen rauchen und somit auch die einhergehenden Krankheitsrisi-
ken weiter sinken. Ähnliche Warnhinweise sollte es auch
auf den Verpackungen von Fleisch und Milchprodukten
geben und zwar aus dem gleichen Grund. Im Gegensatz
zu pflanzlichen Nahrungsmitteln, die unsere Gesundheit
fördern, bringen Fleisch und Milchprodukte die gleichen
Gefahren wie das Rauchen mit sich: Sie erhöhen unser Risiko für Schlaganfall, Herzkrankheiten und Krebs, um
nur einige zu nennen.

Wissenschaftler in Deutschland berechneten für das
Jahr 2012 rund 486 000 neue Krebserkrankungen. Im Jahr
2008 war ungefähr jeder vierte Todesfall auf eine Krebser-
krankung zurückzuführen. Etwa 220 000 Menschen star-
ben daran. Bei Frauen stehen Brustkrebs und Darmkrebs
an erster Stelle als Todesursache unter den Krebserkrankungen. Auch Männer leiden überwiegend an bösartigen
Neubildungen der Verdauungsorgane.

Die Weltgesundheitsorganisation ermittelte, dass gesunde Lebensstilfaktoren, einschließlich gesunder Ernährung, Nichtrauchens und sportlicher Aktivität, mindestens 30 Prozent aller Krebsfälle in westlichen Ländern
verhindern könnten.

Im Ernährungsbericht 2012 der Deutschen Gesellschaft für Ernährung werden der Verzehr von rotem Fleisch (Rind, Schwein) und Fleischerzeugnissen mit Dickdarm- und Mastdarmkrebs in Verbindung gebracht. Außerdem ist auch ein Zusammenhang mit Speiseröhren- und Magenkrebs möglich. Krebserkrankungen der Verdauungsorgane treten laut Angaben vom Statistischen Bundesamt 2012 am häufigsten auf.

In Ländern, in denen mehr Fett – insbesondere tierisches Fett wie zum Beispiel aus Fleisch- und Milchprodukten – konsumiert wird, treten mehr Fälle von Brustkrebs auf. Eine Analyse der Daten von fast 15 000 Ärzten zeigte, dass Männer, die mindestens fünf Mal pro Woche rotes Fleisch aßen, häufiger an Prostatakrebs erkrankten als Männer, die seltener als ein Mal pro Woche rotes Fleisch aßen. Andere Studien wiederum kamen zu dem Schluss, dass Fleischkonsum das Risiko, an Nieren- oder Bauchspeicheldrüsenkrebs zu erkranken, steigern kann.

Es gibt mehrere Hypothesen über den Zusammenhang zwischen Fleischkonsum und Krebsrisiko. Teilweise enthält Fleisch krebserregende Inhaltsstoffe, teilweise entstehen diese während der Verarbeitung oder Zubereitung. Und der hohe Fettgehalt von Fleisch und Milchprodukten kurbelt die Hormonproduktion an, was wiederum das Risiko für Krebsarten erhöht, die im Zusammenhang mit Hormonen entstehen wie Brust- und Prostatakrebs.

Wenn Sie Ihre Gabel nun eher als gefährliche Waffe betrachten, können Sie ganz beruhigt sein: Sie können diese Waffe nämlich auch einsetzen, um sich gegen Krebs zu schützen. Es kommt ganz auf die »Munition« an.

Pflanzliche Nahrungsmittel enthalten viele Ballaststoffe, die den Durchlauf von Nahrungsmitteln durch den
Dickdarm beschleunigen. So werden Karzinogene effek-
tiv entfernt, und die Zusammensetzung der Bakterien im
Darm verändert sich, was zu einer Minderung der Produktion krebserregender Säuren führt. Das Antioxidant Vitamin C, das wir in Zitrusfrüchten und vielen Gemüsesorten
vorfinden, kann das Risiko mindern, an Speiseröhrenkrebs
oder Magenkrebs zu erkranken. Vitamin C neutralisiert
krebserregende Chemikalien, die im Körper gebildet werden und blockiert die Umwandlung von Nitraten in karzinogene Nitrosamine im Magen.

Carotinoide sind die Pigmente, die Obst und Gemüse
ihre Farben verleihen.[3]

Sie können aber außerdem dabei helfen, uns vor Lun-
genkrebs zu schützen und Blasenkrebs, Mundkrebs, Kehl-
kopfkrebs, Speiseröhrenkrebs und Brustkrebs zu vermeiden. Gemüsesorten wie Weißkohl, Brokkoli, Grünkohl,
Steckrüben, Blumenkohl und Rosenkohl enthalten Flavo-
noide und Indol – Stoffe, die allem Anschein nach ebenfalls vor Krebs schützen können. Die von vielen Veganern
verzehrten Lebensmittel aus Soja enthalten Antikarzino-
gene, also sekundäre Pflanzeninhaltsstoffe wie Lignane
und Phytoöstrogene. Auch sie helfen, uns vor Krebserkrankungen zu bewahren.

Eine bahnbrechende Studie gab das »European Prospec-
tive Investigation into Cancer and Nutrition« (EPIC), deren deutsche Niederlassung in Potsdam residiert, heraus.
Das deutsche Institut für Ernährungsforschung hat sich

an dieser Studie beteiligt. Sie zeigt auffällige Unterschiede zwischen Fleischessern und Veganern. Veganer nahmen im Vergleich zu den fleischessenden Teilnehmern weniger als die Hälfte der durchschnittlichen Aufnahme von gesättigten Fettsäuren zu sich und verzeichneten die höchste Aufnahme an Ballaststoffen sowie an Vitamin C und E.

»Es überraschte daher nicht, wie englische und deutsche Studien zeigten, dass Menschen, die kein Fleisch essen, im Vergleich zu Fleischessern ein um circa 40 Prozent niedrigeres Risiko haben, an Krebs zu erkranken. Außerdem fanden die Forscher kürzlich heraus, dass Menschen, die kein Fleisch essen, eine mehr als doppelt so hohe Aktivität von natürlichen Killerzellen aufweisen als Fleischesser. Killerzellen sind spezialisierte weiße Blutkörperchen, die Krebszellen angreifen und neutralisieren.«[12]

Übrigens hat der frühere Präsident der USA, Bill Clinton, seine vielseitigen Gesundheitsprobleme über eine vegetarische Ernährung mindern können.

Die Universität Florida gibt die finanzielle Belastung für Erkrankungen durch pathogene Keime und Erregern, die bei der Fleischproduktion auftreten, mit circa vier Milliarden Dollar an.

Leider gibt es bei uns in Deutschland noch nicht genügend veröffentlichte Untersuchungen.

Insgesamt ist jedoch der Fleischkonsum sowohl in den USA als auch in Deutschland – vor allem aus gesundheitlichen Gründen – drastisch gesunken.

Wer will schon beim Verzehr von Fleisch die vielen Medikamente mit übernehmen, die den Tieren vorher verabreicht wurden.

Weitere Gründe, sich vegan zu ernähren, sind in den Kapiteln »Die allgemeinen Motive, vegan zu leben« (S. 21) und »Warum ernähren sich Menschen vegan? (S. 31) aufgeführt.

Gute und gesunde Alternativen

Es ist sehr einfach, Alternativen für Fleischkonsum oder tierische Produkte zu finden. Diese Alternativen sind für die Umstellung anfangs sehr wichtig, denn oft glauben wir, dass möglicherweise nicht genügend Nährstoffe in der Ernährung vorkommen. Ich möchte Ihnen hier einige Vorschläge unterbreiten.

Anstelle von Fleisch

- Austernpilze
- Avocado
- Seitan, ein Produkt aus Weizeneiweiß mit fleischähnlicher Konsistenz
- Tempeh, gekochte Soja- oder andere Bohnen, die mit niederen Schimmelpilzen beimpft worden sind; stammt aus Indonesien
- texturiertes Soja (textured vegetable protein) ist industriell hergestellter Fleischersatz aus entfettetem Sojamehl
- Tofu, auch Bohnenkäse oder Bohnenquark genannt; es wird aus weißem Sojabohnenteig hergestellt, ähnlich dem Käse aus der Milch oder Seitan aus Weizeneiweiß
- Yuba, eine proteinreiche Sojaspezialität aus der japanischen Küche. Es hat einen cremigen, nussähnlichen Geschmack

***

Anstelle von Ei

- Sojamehl
- Tofu
- Avocado
- Ei-Ersatz aus dem Bioladen

***

Anstelle von Kuhmilch

- Getreidemilch, Hafermilch
- Kokosmilch
- Mandelmilch
- Reismilch
- Sojamilch

***

Anstelle von Sahne

- Mandelmus verdünnt, evtl. mit ein wenig Olivenöl verrühren
- verschiedene pflanzliche Sahne aus Hafer und Mandeln, aus dem Bioladen oder Reformhaus

***

Anstelle von Käse

- Nährhefe
- Veganer Käse aus Soja, Seidentofu, Seitan
- Hefeschmalz

***

Anstelle von Honig

- Zuckerrübensirup
- Agavensirup
- Reismalz
- Kokosblütenzucker

***

Anstelle von Gelatine

- Agar-Agar
- Fruchtpektin, meist Apfel
- Johannisbrotkernmehl
- Guarkernmehl

Ihr Vitaminbüffet – Gemüse und Obst für lebenswichtige Vitamine

Vitamin A

Ist wichtig für

- das Sehen
- eine gesunde und elastische Haut
- das Wachstum und den Metabolismus.

Es ist enthalten in

- Karotten, Grünkohl, Spinat, Petersilie, Tomaten und Aprikosen.

***

Vitamin B1 (Thiamin)

Ist wichtig für

- das Wachstum, die Muskelbildung und Muskelfunktion
- die Nervenkraft
- die Funktion der Enzyme.

Es ist enthalten in

- Vollkorn, Hafer, Pellkartoffeln, Nüssen, Soja, Sprossen.

***

Vitamin B2 (Riboflavin)

Ist wichtig für

- eine gute Hautbeschaffenheit
- den Metabolismus
- das Wachstum und die Zellatmung.

Es ist enthalten in

- Brokkoli, Spargel, Reis, Spinat, Früchten, Ananas.

***

Vitamin B6 (Pyridoxin)

Ist wichtig für

- den Eiweiß-Stoffwechsel
- die Organe
- das Gehirn
- die Zellen.

Es ist enthalten in

- Äpfeln, Obst, Beeren, Bananen, Hülsenfrüchten.

***

Vitamin B12 (Cyanocobalamin)

Ist wichtig für

- das Zentralnervensystem
- den Eiweiß-Stoffwechsel

- die Blutbildung
- besonders für das Knochenmark
- die Schleimhaut (Mucosa-Membran).

Es ist hauptsächlich enthalten in

- Sauerkraut, Petersilie, weißem Wurzelgemüse.

***

Folsäure

Ist wichtig für

- die Blutbildung
- das Zentralnervensystem
- den Eiweiß-Stoffwechsel.

Sie ist enthalten in

- Beeren, Früchten, Ananas, Kiwi, tropischen
  Früchten, Melonen, besonders Wassermelonen,
  Salaten.

***

Niacin B3

Ist wichtig für

- die Widerstandskraft der Haut
- die Aktivierung wichtiger Enzyme
- die Zellatmung.

Es ist enthalten in

- Champignons, Trockenfrüchten, Kokos, Hülsenfrüchten.

***

Biotin

Ist wichtig für

- das geregelte Zellwachstum
- die Blutbildung
- die Synthese und Utilisation (Nutzung) von Fettsäuren.

Es ist enthalten in

- Blumenkohl, Hülsenfrüchten, Soja.

***

Vitamin C

Ist wichtig für

- die Unterstützung des Gewebes und der Haut (Cellulites), vorbeugend und zur Heilung
- die Unterstützung des Immunsystems
- die Regulierung des Eisenhaushalts.

Es ist enthalten in

- Beeren, Zitrusfrüchten, Sanddorn, Hagebutten, Kiwi, Paprika, Petersilie.

***

Vitamin D

Ist wichtig für

- Bildung und Wachstum der Knochen und Sehnen
- die Gelenke und zur Vermeidung von Abnutzungen
- die Unterstützung des Calcium-Stoffwechsels
- den Phosphor-Stoffwechsel.

Es ist enthalten in

- Sonnenlicht, Avocados, Champignons.

***

Vitamin E

Ist wichtig für

- den Schutz gegen freie Radikale
- den Schutz von Vitaminen und Enzymen
- die Bildung und Wiederherstellung von Sehnen, Knochen und Gelenken
- den Schutz gegen Zellentartung
- den Schutz gegen PMS.

Es ist enthalten in

- reinem Olivenöl, pflanzlichen Ölen, Mais, Mandeln und Haselnüssen, Grünkohl, grünen Salaten, weißem Wurzelgemüse.

***

Vitamin K

Ist wichtig für

- die Balance der Blutbildung und Blutdichte.

Es ist vor allem enthalten in

- frischen Algen, Blattgemüse, Blattsalaten, Blumenkohl, grünen und weißen Bohnen, Brokkoli, Grünkohl, Rotkohl, Rosenkohl, Wirsing, Hülsenfrüchten, getrockneten Pilzen, Soja, Spinat, Weizenkeimen, Haferflocken, getrockneten Früchten.

Die wichtigsten Spurenelemente
und Mineralien in Obst und Gemüse

Unser Körper wird ganzheitlich von Körperbaustei-
nen, Gedanken und Gefühlen zusammengehalten.
Die wichtigsten Körperbausteine sind nicht die Vitamine,
sondern die richtigen Spurenelemente und Mineralien
und die richtige Ernährung.[13]

Calcium

Calcium ist das wichtigste und wertvollste Mineral. Und
es muss nicht unbedingt zusätzlich zugeführt werden!
Wichtig ist die richtige Ernährung. Wo Calcium enthalten
ist, ist auch Phosphor vorhanden. Genügend Calcium (und
Phosphor) im Körper bedeuten:

– Kraft und Energie, gute Knochen
– Entscheidungsfähigkeit, starke Nerven
– richtige und gute Gedankenarbeit sowie
– Gedächtnisleistung.

Besonders viel Calcium braucht der Körper bei Osteoporose, Arthritis und Rheumatismus.

Wenn der Körper zu wenig Calcium zur Verfügung hat

– kann es zu Stottern und Stammeln kommen
– besteht Prolapsgefahr (Bandscheibenvorfall,

- ist größere Schmerzempfindlichkeit vorhanden
- entstehen weiche Knochen, und das Gewebe kann sehr schmerzempfindlich reagieren.

Calcium kann übrigens nur aufgenommen werden, wenn genügend Jod (in Avocado zum Beispiel) vorhanden ist.

Calcium kommt in folgenden Obstsorten vor:

- Äpfel
- Bananen
- Birnen
- Feigen (frisch und getrocknet)
- Grapefruit
- Melonen
- Zitrusfrüchte
- Kaki
- Mango
- Papaya
- Pfirsich
- Pflaumen
- Weintrauben und Rosinen.

Calcium in Gemüsesorten:

- Brokkoli
- Blumenkohl
- Champignons
- grüne Bohnen
- grüne Gurken
- Karotten
- Spinat

- Süßkartoffeln
- Tomaten.

***

Chrom

Chrom ist verantwortlich für den Glukose-Stoffwechsel. Glukose gibt uns Energie! Chrom ist auch für eine bessere Insulinabgabe zuständig.

Zu wenig Chrom *kann die Ursache sein*

- für starke Müdigkeit
- Energielosigkeit
- Blutzuckerschwankungen
- Blutunterzuckerung
- aber auch bei einem Zuviel an Blutzucker und bei Diabetes

Chrom in Obst und Gemüse:

- Bananen
- Birnen
- Haselnüsse und Paranüsse
- getrocknete Datteln
- Vollkorngetreide, vor allem Gerste, Mais
- Brokkoli
- Pilze
- Tomaten.

***

Eisen

Eisen ist notwendig, um den Sauerstoff von der Lunge zu allen Körperzellen zu transportieren. Eisen bedeutet Sauerstoff und Energie für alle Zellen. Den ständigen Sauerstoffnachschub leisten circa 25 Milliarden – eisenhaltige – rote Blutkörperchen. Eisen stärkt die Nerven, Muskeln sowie das Blut und ist ein natürlicher Schutz vor Schadstoffen durch Umweltgifte.

Zu wenig Eisen bedeutet

- vermehrte Einlagerung von Cadmium
- chronische Müdigkeit durch Sauerstoffmangel
- blasses Aussehen
- Verstopfung
- Haarausfall.

Ein zu hoher Eisenspiegel hemmt die Aufnahme von Zink!

Eisen kommt in folgenden Früchten und Gemüse vor:

Alles, was grün ist, fördert den Eisenvorrat im Körper. Mit grün ist jedoch nicht unreifes Obst gemeint.

- grüne Apfelsorten
- getrocknete Früchte
- Heidelbeeren, Holunderbeeren, Preiselbeeren
- Nüsse
- Leinsamen
- Kürbiskerne
- Sonnenblumenkerne

- Hülsenfrüchte
- Vollkorngetreide, -mehl, vor allem
  Hafer und Hirse
- Sojamehl
- Bohnen aller Art
- Grünkohl, Mangold, Spinat
- Artischocken
- Oliven
- grüne Blattsalate, Radicchio, Brennnessel,
  Löwenzahnblätter
- Schnittlauch, Kresse, Petersilie
- Wurzel- und Knollengemüse
- Fenchel
- Meerrettich
- Zwiebel
- Karotten
- Pilze.

Folgendes hemmt die Eisenaufnahme im Körper:

- Kaffee
- Schwarzer Tee
- Aspirin
- Schmerzmittel
- Phosphat (Cola) und Oxalate (Tomaten, Spargel).

Eisen wird am besten mit Vitamin C aufgenommen.

***

Zink

Zink ist der Manager für die Arbeit oder Funktion aller Enzyme und eine Komponente für Insulin. Es ist zuständig für gute Haut, die Nägel und das Wachstum der Haare. Wir brauchen Zink für eine schnellere Heilung von Schnittwunden und Verbrennungen.

Falls uns Zink fehlt, *stellen wir fest, dass*

- vermehrt Kratzer auf der Haut sichtbar bleiben
- weiße Flecken auf den Fingernägeln auftauchen
- Lust am Sex fehlt
- Müdigkeit auftritt
- die Wundheilung länger dauert.

- Zink wird auf jeden Fall bei Diabetes, für ein gutes Gehör und für eine gute Gehirnfunktion benötigt.
- Zink wirkt aktiv gegen Erkältungsviren.

Zink kommt in folgenden Früchten und Gemüse vor:

- allen Beeren, vor allem Himbeeren, Erdbeeren, Stachelbeeren
- Weintrauben
- Zitrusfrüchten wie: Zitronen, Grapefruit, Orangen, Nektarinen
- Pfirsich, Papaya, Wassermelone
- Sanddorn
- Brokkoli
- Karotten
- Artischocken

- Grünkohl, Rosenkohl, Wirsing
- Hülsenfrüchten, vor allem Dhal und anderen
  Linsen
- Süßkartoffel
- Getreide wie Hirse, Quinoa
- Kokos.

***

Natrium

Wir brauchen Natrium für unseren Magensaft und für
unsere Körperflüssigkeiten. Es ist notwendig, um Säure im
Körper aufzuheben. Natrium hält die anderen Mineralien
und Spurenelemente im Blut flüssig. Wir brauchen es auch
zur Muskelkontraktion.

Die meisten Menschen nehmen jedoch zu viel
Natrium (Salz-Natriumchlorid) *zu sich,*
was wiederum zu folgenden Beschwerden führt:

- Schwindel
- Zurückhalten von Wasser im Gewebe
- Kaliumdefizit.

Vorkommen

Natriumsalz-Natriumchlorid kommt in vielen Gewürz-
mischungen vor und in allerlei Salzsorten. Auch in den
normalen Lebensmitteln ist Salz enthalten.

***

Kalium

Kalium hält die elektrische und magnetische Energie in unserem Körper aufrecht, ist zuständig für die Erneuerung des Gewebes, der Knochen und der Muskeln. Unsere Muskeln halten sich mit Kalium beweglich. Außerdem brauchen wir es für das normale Wachstum und für den rhythmischen Herzschlag. Die Nieren werden angeregt, Wasseransammlungen auszuschwemmen.

Kaliummangel *führt zu*

- Herzrhythmusstörungen
- zu schwachen Reflexen, zum schwachen Muskeltonus
- Neigung zu Ödem
- trockener Haut.

Meist sind Nebenwirkungen von Medikamenten die Ursache von Kaliummangel. Dazu gehören viele harntreibende Mittel und besonders **Abführmittel!**

Kalium kommt in folgenden Früchten und Gemüse vor:

- Aprikosen
- Bananen
- Beeren, vor allem in Himbeeren, Johannisbeeren, Stachelbeeren
- Zitrusfrüchten
- Melonen
- Ananas
- Kirschen

- Quitten
- Rhabarber
- Trockenfrüchten
- Avocado
- Fenchel
- Spinat
- Pilze
- Wurzelgemüse, Schwarzwurzel, Rote Rüben
- Hülsenfrüchte
- Kohlgemüse, vor allem Grünkohl, Blaukraut, Sauerkraut, Wirsing, Brokkoli
- rote und grüne Paprika
- Karotten, Bohnen, Erbsen, Sellerie
- Tomaten
- Auberginen
- grüne Blattsalate
- gekochter Spargel
- Kartoffeln, auch Kartoffel-Fertiggerichte.

***

Mangan

Mangan aktiviert viele Enzyme, speziell solche, die für die Bildung von Kollagenen und Mukopolysacchariden als ein Bestandteil des Stütz- und Bindegewebes in Haut, Knorpel, Sehnen und Knochen verantwortlich sind. Mangan ist Nahrung für Gehirn und Nerven. Es bildet zudem auch Melanin und Dopamin und ist an der Bildung von Schilddrüsen- und Sexualhormonen beteiligt.

Falls der **Manganspiegel zu niedrig** *ist,*
was sehr selten bei pflanzlicher Kost vorkommt,
können folgende Symptome auftreten:

- mangelnde »Gelenkschmiere« (Synovia)
- Anstieg des Blutzuckerspiegels
  (bei Unterzuckerung)
- Unfruchtbarkeit, Schwangerschaftsprobleme
- Schwindel
- Neigung zu Allergien
- Schutz der Zellen gegen freie Radikale.

Wird Mangan zugeführt, muss auch Zink gegeben werden.

Mangan ist hauptsächlich vorhanden in:

- Ananas
- Blaubeeren
- Bananen
- alle grünen Blattgemüsesorten
- alle Getreidearten
- Hülsenfrüchte
- Nüsse.

***

Kupfer

Kupfer brauchen wir für die Eisenaufnahme im Körper, für das Knochenwachstum und den Erhalt der Knochen sowie für die Herstellung von RNS (Ribonukleinsäure) in den Körperzellen.

Selten tritt ein Defizit ein, aber falls ein
Mangel an Kupfer *vorliegt, können auftreten:*

- Anämie und Ödeme

Andererseits kann ein Zuviel an Kupfer ein Zinkdefizit verursachen.

Es kommt hauptsächlich vor in

- Beeren, vor allem Brombeeren und Erdbeeren
- Mango
- Avocado.

***

Jod

Jod ist wichtig für eine gesunde und normale Schilddrüsenfunktion. Mit jodhaltigen Schilddrüsenhormonen reguliert die Schilddrüse den Energiehaushalt und den Stoffwechsel in allen Zellen.

Zu wenig Jod *kann sich äußern in:*

- Verstopfung oder Gewichtsschwankungen, meist Gewichtszunahme
- Nachlassen der körperlichen und geistigen Leistungsfähigkeit
- zu trockener Haut und strähnigen Haaren
- Kälteempfindlichkeit
- Menstruationsstörungen
- Kropfbildung.

Jod kommt vor allem vor in:

- Algen
- grünen Bohnen (getrocknet)
- Avocado
- Kiwi
- Ursteinsalz.

***

Phosphor

Phosphor sollte nur zusammen mit Calcium genommen werden. Die Früchte und Gemüsesorten, die Calcium aufweisen, enthalten auch Phosphor auf (siehe unter Calcium S. 58). Er ist hauptsächlich in Süßigkeiten, Limonaden und Fleisch enthalten.

Die meisten Menschen nehmen zu viel Phosphor auf, was schädlich ist. Zu viel Phosphor kann zur Entkalkung führen (Osteoporose). Auch Männer sind davon betroffen. Oft sind Cola-Getränke die Ursache. Studien an Kindern haben gezeigt, dass ein Zuviel an Phosphor in der nichtpflanzlichen Ernährung zu auffälligen Verhaltensveränderungen führt.

Typische Zeichen sind

- Reizbarkeit
- Vergesslichkeit
- Aggressivität
- Konzentrationsstörungen
- kurz gesagt: der »Zappelphilipp«.

In gebundener Form als Calciumphosphat, wie es in der pflanzlichen Nahrung vorkommt, ist es ein Baustoff für alle Knochen.

***

Selen

Selen galt bis 1957 als Gift. Versuche zeigten jedoch, dass es ein sehr wertvolles Spurenelement ist. Es ist Bestandteil eines Enzyms (Gluthathionperoxidase), welches als Antioxidant wirkt. Selen stärkt das Immunsystem und schützt das Herz, besonders vor Herzmuskelerkrankungen. Selen ist wirksam gegen Immunschwäche und Tumore. Es unterstützt das Schilddrüsenhormon und hilft bei Unterfunktion der Schilddrüse (Hashimoto). Es kann bei der Therapie gegen Schuppenflechte (Psoriasis), bei Grauem Star und chronischem Gelenkrheumatismus helfen. Selen macht Umweltgifte im Körper unschädlich, auch Quecksilber, Arsen und Blei.

Falls eine Selenvergiftung vorliegen sollte, äußert sich das durch

- knoblauchartigen Mundgeruch
- Haarausfall
- Ausfall der Fingernägel.

Selen kommt vor allem vor in:

- Zitrusfrüchten
- Nüssen, vor allem in Kokos- und Paranüssen

- allen Vollkornprodukten, auch Weizenkleie
- Sonnenblumenkernen
- Sesam
- Hülsenfrüchten
- Mais
- Soja.

Muskelkraft und Ausdauer
bei veganer Ernährung

Die besten Beweise für ausdauernde Muskelkraft bietet uns die Tierwelt! Ein Löwe braucht, wenn er eine Gazelle gerissen hat, anschließend 12 Stunden Schlaf!

Dagegen können ein Elefant oder ein Esel 24 Stunden ohne Pause »durchmachen«, ein Kamel sogar noch länger. Pferde oder Ochsen werden als Zugtiere verwendet. Das Pferd ist so ein starkes Zugtier, dass die Leistung eines Automotors als PS, »Pferdestärke«, bezeichnet wird. Und all diese starken Tiere leben nur von Pflanzen.

Kühe, die Fleisch als »Kraftnahrung« zur Pflanzenkost erhielten, wurden schwer krank. BSE – der Rinderwahnsinn (Lochfraß im Gehirn) – verbreitete sich.

Spitzensportler nehmen lieber Pflanzenkost zu sich, um mehr Ausdauer und Energie zu bekommen. Noch vor einem halben Jahrhundert glaubten die Wissenschaftler, dass tierisches Eiweiß stark macht. Doch das wurde widerlegt.

Als Veganer/In braucht man sich keine Sorgen um seinen Eiweißhaushalt zu machen. Voraussetzung ist jedoch ein gutes Wissen über die richtige Ernährung und darüber, welche Inhaltsstoffe Früchte oder Gemüsesorten aufweisen. Das Eiweiß der Hülsenfrüchte, vor allem von Soja, Bohnen, der Nüsse und des Getreides, liefert die wichtigen Proteine und Aminosäuren. Und aufgrund des täglichen Vitamin C, welches mit den Früchten gegessen wird, kann auch das wichtige Eisen aus dem Gemüse aufgenommen werden. Es gibt also keinen Grund zur Besorgnis (siehe auch im Teil 2 des Buches: *Fragen und Antworten*, S. 125).

Die *SÜDWEST PRESSE*[14] veröffentlichte in der Ausgabe vom 21.3.2013 folgenden Text von *Uwe Keuerleber:*

»Als Veganer Ausdauer- oder Leistungssport zu treiben, setzt ein gutes Ernährungswissen voraus. Wie kann ich also meinen Eiweißbedarf decken? Durch eine Kombination aus Getreideprodukten und Hülsenfrüchten wird die biologische Wertigkeit gesteigert, indem pflanzliche Proteine besser in körpereigenes Protein umgewandelt werden. *Hülsenfrüchte wie Bohnen, insbesondere Soja, aber auch Getreide und Nüsse dienen dabei als die wichtigsten Eiweißlieferanten und enthalten auch alle essenziellen Aminosäuren,* so Dr. Gunnar Treff, Sportwissenschaftler an der Universität Ulm.

Auch die Aufnahme von Mineralstoffen, insbesondere Eisen, ist zwar bei rein pflanzlicher Ernährung schlechter als aus tierischen Quellen – ebenso aber auch die Aufnahme von Substanzen, die die Eisenresorption hemmen. Da aber Vegetarier und Veganer mehr Vitamin C zu sich nehmen, wird die Eisenresorption wiederum begünstigt. Also kein Grund zur Besorgnis für mich: Die vegetarische und auch die vegane Ernährung ist gesund, und man kann damit sehr gut Ausdauersport treiben. Vorausgesetzt, ich kenne mich mit den verschiedenen Nahrungsmitteln und deren Eigenschaften aus – dann ist es auch nicht so schwer, den Eiweißbedarf zu decken.

Laut Empfehlung der Deutschen Gesellschaft für Ernährung reicht eine ausgewogene Ernährung aus, um die erforderliche Menge an Eiweiß aufzunehmen. Zusätzliche Einnahme von hochdosiertem Proteinpulver und Zusatzprodukten sind nicht nötig. Im Gegenteil: Zu viel Eiweiß kann vom Körper nicht mehr abgebaut werden, es wird gespeichert und führt so zu Ermüdungserscheinungen, Knochenschwäche und Leistungseinbruch.«

Nahrung für das Gehirn
bei veganer Ernährung

Schon als Kind wurde uns gesagt: »Wenn du etwas werden willst, musst du das Richtige essen!« Wenn unser Gehirn besonders viel leisten muss, benötigt es »Kraftnahrung«. Obwohl das Gehirn nur zwei Prozent unseres Körpergewichts ausmacht, verbraucht es circa 20 Prozent der aufgenommenen »Kraftnahrung«. Und ist es die richtige »Kaftnahrung«, können wir geistig fit und vital bis ins hohe Alter bleiben.

Folgendes müssen wir wissen:

1. Kohlehydrate liefern Energie

Das bedeutet, dass wir Vollkorngetreide, Vollkornreis, Gemüse, Kartoffeln, Hülsenfrüchte und Obst zu uns nehmen. Es heißt, dass wir Traubenzucker brauchen (Glukose), jedoch keinesfalls in Form von Traubenzuckerbonbons. So schnell, wie diese vermeintlich Energie spenden, so schnell fällt auch der Blutzuckerspiegel herunter, und das äußert sich durch eklatanten Leistungsabfall.

2. Ungesättigte Fettsäuren und Eiweiß sind lebenswichtig

Das Gehirn benötigt Eiweiß als Botenstoff und zur Informationsübertragung innerhalb der verschiedenen Gehirnzellen. Eiweiß finden wir in Getreide, Nüssen und Hülsenfrüchten, vor allem in Hirse.

3. Mineralstoffe und Vitamine für die Kraft des Geistes

Vitamine und Mineralstoffe braucht das Gehirn für den Zellschutz, für die Zellteilung, Zellneubildung und Blutbildung. Sie sind für den Nähr- und Sauerstofftransport zuständig. Unser Gehirn ist besser geschützt mit Beta-Carotin, der Vorstufe von Vitamin A, mit Vitamin C und E in Obst und Gemüse. Vor allem Nüsse, Pflanzenöle und Samen sind ideal dafür geeignet.

4. Vitamin B für Energie

Nüsse sind ein idealer Lieferant für Vitamin B. Vitamin B1 hilft dem Gehirn, Glukose (Traubenzucker) zur Verfügung zu stellen. Es ist vor allem in Paranüssen und Erdnüssen enthalten.

5. Viel Flüssigkeitsaufnahme für gute Konzentration

Mindestens 1,5 bis 2 Liter Flüssigkeit (Wasser oder dünnen Tee) braucht unser Körper, um die Nährstoffe transportieren zu können. Schon ein kleiner Defizit an Wasser kann Konzentrationsmangel hervorrufen.

Welche Vitamine, Mineralien und Aminosäuren tun dem Gehirn besonders gut?

Vitamin B6

Für die Übertragung von Botschaften im Hirn ist Vitamin B6 besonders wichtig. Es ist außerdem an mehr als 100 Enzymreaktionen im Körper beteiligt. Zusammen mit Vitamin B12 und Folsäure verhindert es, dass aus dem Eiweiß Cystein giftiges Homocystein entsteht.

Es kommt vor in:

- Vollkorngetreide
- Hefe
- Bananen.

***

Vitamin C

Vitamin C ist eines der wichtigen Antioxidantien und dient zum Schutz der Nervenzellen vor aggressiven Abfallprodukten des Stoffwechsels. Vitamin C ist beteiligt an der Umwandlung von Tryptophan, der Vorstufe des Serotonins, in Serotonin.

Es kommt vor in:

- allen Zitrusfrüchten und frischem Obst

- Petersilie
- Kresse
- Sanddorn und Hagebutten
- frischem Gemüse.

***

Eisen

Wer genügend Eisen im Blut hat, kann sein Gehirn mit dem lebensnotwendigen Sauerstoff versorgen, denn im roten Blutfarbstoff Hämoglobin, der das Atemgas transportiert, ist Eisen gebunden. Muffige, schlechte Luft, die damit verbundene Blutarmut und insbesondere Eisenmangel bei Säuglingen behindern die kindliche Intelligenzentwicklung. Ältere Menschen müssen besonders auf die Eisenzufuhr achten. Zu hohe Eisenspiegel werden sehr oft mit seniler Demenz erklärt.

Einige Enzyme, die dem Hirn Botenstoffe liefern, brauchen ebenfalls Eisen.

Es kommt vor allem vor in:

- Hirse
- Hafer
- Sesam
- Kürbiskernen
- Soja aus biologischem Anbau.

Das Blattgrün im Gemüse und in den Kräutern regt den Körper an, Eisen zu bilden.

*Die Aufnahme von Eisen wird herabgesetzt
und gehemmt durch*

- Kaffee, Schwarzen Tee und
- Milchprodukte.

Die Einnahme von Zink und Calcium behindert die Eisenaufnahme.

***

Magnesium

Es ist wichtig für das Herz, für die Muskel- und Nervenfunktion, für die Enzymtätigkeit und den Stoffwechsel, für die Darmbewegung, es hilft bei Geburten, stärkt die Abwehrkräfte. Es entspannt auch die Nerven im Gehirn, und das Denken fällt leichter. Es mindert Stress, wirkt entspannend, und Krämpfe lassen nach.

Magnesium kommt vor in:

- Hülsenfrüchten, besonders in Linsen.

***

Omega-3-Fettsäuren

Die Omega-3-Fettsäuren machen im Gehirn einen großen Teil des sogenannten Strukturfetts aus. Das sind jene Fette, die man – anders als Speicherfette – bei keiner Diät abbaut, weil sie unentbehrlich für die Zellfunktion sind.

Wie viel Omega-3-Fettsäuren ein Kind im Mutterleib erhält, wirkt sich auch auf seine Intelligenz aus. Die Fettsäuren schützen die Gefäße vor gefährlichen Ablagerungen, den sogenannten Plaques (im Volksmund »Verkalkung«) und halten sie geschmeidig. Aus diesem Grund beugen sie auch Schlaganfällen vor.

Die gesunden Fette kommen vor allem vor in:

- Nüssen, insbesondere Walnüssen
- Leinsamen
- pflanzlichen Ölen wie Leinöl, Rapsöl, Sesamöl und Sojaöl
- frisch blanchiertem Spinat, er ist ein besonders guter Lieferant.

***

Vitamin B12

Zusammen mit Vitamin B6 ist Vitamin B12 an der Bildung der Nervenmarkscheiden beteiligt. Diese Schutzschicht wird Myelin genannt.

Cobalamin (B12) gehört zu den Antioxidantien.

Vitamin B12 ist enthalten in:

- Avocado

***

Vitamin E

Vitamin wirkt antioxidativ. Es schützt die wichtigen Fettsäuren vor Oxidation. Es ist in fast allen Zellmembranen enthalten und damit ein ausgezeichneter Schutz gegen vorzeitiges Altern.

Vitamin E kommt vor in:

- Nüssen
- Avocados
- Karotten
- Blattsalaten
- fast allen pflanzlichen Ölen, insbesondere auch im Nachtkerzenöl (wichtig für die Haut).

***

Tryptophan

Tryptophan ist eine Aminosäure und der Grundbaustein für die Bildung von Serotonin. Wenn wir uns verlieben oder Erfolge erzielen, bildet sich Serotonin, die berühmten Schmetterlinge im Bauch – Glücksgefühle entstehen. Die Vitamine B12 und B6 sind für die Synthese nötig. Serotonin hilft gegen Depression.

Tryptophan kommt vor in:

- Sojabohnen
- Cashewnüssen
- Hafer und Linsen.

***

Tyrosin

Die semi-essenzielle Aminosäure Tyrosin ist der Aus-
gangsstoff für das chemische Stresshormon Adrenalin.
Aus dieser Substanz bauen die Nervenzellen die Botenstoffe Dopamin und Noradrenalin, die für den Schlaf-
Wach-Rhythmus zuständig sind sowie für das Abrufen
und die Steuerung von Informationen.

Tyrosin kommt vor in:

- Vollkorngetreide
- Soja
- Hülsenfrüchten
- Kartoffeln aus biologischem Anbau.

***

Folsäure (Vitamin B9)

Bei Mangel kann es zu Depressionen führen. Folsäure ver-
ringert beim heranwachsenden Kind im Mutterleib, dass
es zu Fehlbildungen des Nervensystems kommt.

Bei Erwachsenen kann es bei Mangel zu Gedächtnisstö-
rungen und zur Schrumpfung des Gehirns (Abbau der
Hirnsubstanz) kommen. Es wurde in Untersuchungen
festgestellt, dass ein Drittel der Psychiatriekranken an Fol-
säuremangel leiden.

Nahmen Senioren vermehrt Folsäure zu sich, steigerte
sich die Gedächtnisleistung. Es konnte gemessen werden,

dass die Verlangsamung der Informationsverarbeitung gebremst wurde.

Folsäure kommt vor in:

- Salaten
- Spargel
- Spinat
- Getreide
- Tomaten.

***

Zink

Zink ist ein wichtiger Bestandteil der Enzyme und an mehr als 100 Stoffwechselreaktionen beteiligt. Ein Zinkmangel kann zu Aggressivität, Depressionen und Lernschwäche führen.

Zink kommt vor in:

- Weizenkeimen
- Sesam
- Kürbiskernen
- Kartoffeln
- Vollkorngetreide.

***

Cholin

Cholin ist essenziell für das Gedächtnis und einer der wichtigsten Botenstoffe im Gehirn. Es ist an den Bewegungsbefehlen beteiligt. Wenn mehr Cholin zur Verfügung steht, schütten die Nervenzellen vermehrt Acetylcholin aus (ein weiterer wichtiger Botenstoff im Gehirn). Cholin wird aus Lecithin gewonnen – eine fettähnliche Verbindung und ein Grundstoff der Zellmembran.

Lecithin ist enthalten in:

- Sojabohnen
- Hefe
- Erdnüssen
- Erdnussbutter
- Tomaten, Kartoffeln und Blumenkohl
- Vollkorngetreide
- Äpfeln
- Kaffee.

Vegane Kost für Kinder

Es gibt nichts Besseres, als einen Säugling zu stillen. Allerdings erlebte ich, dass viele Eltern mit ihren Kleinkindern in die Praxis kamen, weil diese bereits an einer Eiweißallergie litten. Meist stellte sich heraus, dass die Mütter zu viel tierisches Eiweiß im Körper infolge einer ungünstigen Ernährung hatten. Sehr oft wurde täglich Fleisch, Wurst oder Fisch gegessen. Es mussten dann beide, Mutter und Kind, behandelt werden.

Das ist jedoch genau der Grund, warum Eltern ihre Kinder vegan ernähren wollen. Falls die Muttermilch nicht ausreicht, ist Mandelmilch ein wunderbarer Ersatz. Zusammen mit geschrotetem Sechskorngetreide aus biologischem Anbau hat sich diese als sehr hilfreich herausgestellt. Am meisten Eisen hat Hirse. Frisch gemahlen, mit Wasser verrührt und kurz aufgekocht, ist dies ideal für die Kleinkinderernährung.

Später ist ein »Grünes Smoothie« täglich die Energiebombe schlechthin – für Mutter und Kind! (Ein Rezept für einen »Grünen Smoothie« finden Sie auf S. 181.)

Ganz nebenbei: Kinder, die bereits Diabetes hatten, konnten mit dieser Ernährung zum großen Teil bessere Blutzuckerwerte erreichen. Meist waren es jedoch die Großeltern, die daran nicht glaubten, und dem Enkelkind einen Braten oder Süßigkeiten verabreichten – und das Dilemma fing wieder von vorne an.

Auch jedes Kind, das bereits einmal eine Lebensmittelvergiftung durchgemacht hatte, war dankbar für eine neue

Ernährungsweise. Es sind nicht die Kinder, die sich weigern, sich anders zu ernähren. Oft sind es Familienmitglieder, die diese gesunde Nahrung ablehnen. – aus welchen Gründen auch immer!

Vollkorngetreide, Früchte und viele grüne Gemüsesorten oder Salate helfen jedem. Haben Sie schon einmal Amaranth – gekocht – in den Salat gemischt? Es schmeckt sehr gut. Wichtig ist, dass das Amaranth vor dem Kochen unter fließend heißem Wasser abgespült wird!

Denken Sie daran, dass Milch unbedingt durch Mandelmus oder Nussmus, verdünnt mit chlorfreiem Wasser, oder durch Mandeln und Nüsse ersetzt wird. Für Salatsoßen verwenden Sie das verdünnte Mandelmus und geben etwas Zitronensaft dazu. Natürlich können Sie statt der Salatsoße das altbewährte Olivenöl verwenden.

Es hat sich bewährt, viel Rohkost zu geben. Kinder lieben es ohnehin sehr, zum Beispiel Karotten- und Gurkenstangen oder Paprikastreifen (aber bitte aus biologischem Anbau!) in die erwähnte Salatsoße zu dippen.

Und dann gibt es ja auch noch die Farbtherapie aus der Küche. In meinem Buch »Gute Laune kann man essen – Farbtherapie aus der Küche«, beschreibe ich, was Farbe im Essen bewirkt!

Vegan und Sex

Es kursieren etliche Gerüchte um das Liebesleben der
Veganer/In. So schrieb *DIE WELT* in ihrer Ausgabe
vom 31.7.2007: »Veganer meiden Sex mit Fleischessern«.
Wissenschaftler haben ein neues Phänomen entdeckt.
Den »veganen Sex«. So sind bei Veganern nicht nur tieri-
sche Produkte tabu, auch die fleischliche Lust mit Nicht-
Veganern gilt als verpönt. Begründung: Veganer sehen in
Fleischessern einen »Friedhof für Tiere«, und außerdem
sollen sie oft unangenehm riechen.[15]

Immer mehr Veganer meiden laut Erkenntnissen einer
neuseeländischen Wissenschaftlerin Sex mit Fleischessern,
Veganer würden nicht nur auf alle tierische Produkte verzichten, sondern auch sexuellen Kontakt mit Nicht-Vega-
nern ablehnen.

Die stellvertretende Leiterin des Zentrums für Studien
über Menschen und Tiere an der neuseeländischen Can-
terbury Universität, Annie Potts, berichtete der Tageszei-
tung »*The Press*«: Veganer lebten nach dem Motto »Man
ist, was man isst«.

Potts entdeckte das Phänomen des »veganen Sex« während einer Studie, für die sie 157 Vegetarier und Menschen, die nach ethischen Gesichtspunkten einkaufen,
interviewte. »Das ist etwas ganz Neues, das ist mir zuvor
noch nicht begegnet«, sagte Potts der Zeitung. Eine Vega-
nerin habe ihr beispielsweise berichtet, sie fände Nicht-
Veganer zwar attraktiv, wolle ihnen aber nicht körperlich
nahe kommen. »Wir möchten nicht intim mit jemand

werden, dessen Körper buchstäblich aus den Körpern anderer besteht, die für seine Nahrung sterben mussten.«

»*Men's Health*« berichtete am 17. August 2008 über Nahrung, die das Sperma stärkt.

»Das Essen von nur 75 Gramm (etwa eine Handvoll) Walnüsse am Tag verbessert die Qualität des Spermas« (nach einem Bericht der Zeitschrift *Biology of Reproduction).* Die Forscher überwachten die Daten von 117 gesunden Männern und baten die Hälfte der Teilnehmer, täglich 75 Gramm Walnüsse in ihrer Nahrung zu sich zu nehmen. Nach drei Monaten verbesserten sich Form, Bewegung und Vitalität ihrer Spermien. Diese Studie lief unter der Leitung von Wendie Robbins, Ph.D., Hauptautor der Studie und außerordentlicher Professor an der UCLA School of Public Fielding Gesundheit.

»Das Essen von Walnüssen ist nicht der einzige Weg, um die Spermien zu stärken. Die Forscher vermuten, dass die Alpha-Linolensäure (ALA) – eine natürliche Quelle von Omega-3 in Walnüssen dafür verantwortlich ist.«[16]

Falls Sie keine Walnüsse mögen, stehen immer noch Leinsamen, Soja, grüne Bohnen, Spinat und die guten pflanzlichen Öle wie Leinöl, Hanföl, Sojaöl, Rapsöl, Walnussöl und Kürbiskernöl zur Verfügung.

Um die Libido zu steigern, gibt es sehr viele Möglichkeiten aus dem Garten der Natur:

»Haferflocken und andere Vollkornprodukte steigern die Menge an Testosteron im Blut. Spinat und anderes grünes Blattgemüse besitzen Folsäure und Magnesium, welche so entscheidend für die Männlichkeit sind. Zur

Stärkung dienen u.a. Brokkoli, Kohlsorten wie Rosenkohl, Mangold und Chinakohl. Hilfreich sind Zitrusfrüchte wie Orangen, Limetten, Grapefruit, Aprikosen, Pfirsiche. Es wurde festgestellt, dass mindestens 1000 mg Vitamin C helfen, die Spermienzahl zu verbessern.«[16]

Nach einer Studie an der University of Texas Medical prüften Wissenschaftler 75 Männer im Alter zwischen 25 bis 30 Jahren. (Alle waren Raucher mit verminderter Spermienqualität.) Es wurden drei Gruppen eingeteilt:

Zwei Gruppen, die täglich 200 mg oder 1000 mg Vitamin C einnahmen. Die dritte Gruppe erhielt ein Placebo. Diejenigen, die Vitamin C einnahmen, zeigten eine deutliche Verbesserung der Spermienqualität. Die Gruppe mit der täglichen Einnahme von 1000 mg Vitamin C schnitt am besten ab.

Es geht bei den Veganer/in nicht nur um die Männlichkeit, sondern auch um die Empfänglichkeit bei Frauen.

Mein Vorschlag: Dafür ist vegane Ernährung einfach super!

Essen Sie sehr viel Vollkornprodukte, Nüsse, vor allem Walnüsse, Vitamin C und viel grünes Gemüse in Form von Kohlsorten, Spinat und Blattsalaten. Als sehr hilfreich hat sich auch das berühmte Nachtkerzenöl (reich an Vitamin E) erwiesen.

Es ist gut, wenn Sie Sprossen und Keime zusätzlich integrieren. Sie sind ein Jungbrunnen und fördern die Vitalität. Keimlinge gehören zur hochwertigsten Nahrung schlechthin. Außerdem sind sie für jeden leicht zu züchten und erschwinglich.

Patienten, die diese Ernährung einhielten, erlebten den Sex als zärtlicher und länger anhaltend. Und in vielen Fällen stellte sich dann auch das erwünschte Kind ein.

Wer achtsam beobachtet, kann entdecken, dass die Art, Liebe zu machen und zu erleben, sich ändert, und wir uns damit auch selbst. Die vegane Ernährung beeinflusst viele Ebenen. Fazit: Mehr Freude und Harmonie in der Beziehung.

Diana Richardson, schrieb in ihrem Buch »Zeit für die Liebe«:

»Die Paare fühlen sich ›in Liebe‹ miteinander, präsenter miteinander, es herrscht mehr Kooperation und Verständnis. Auf individueller Ebene gibt es eine Zunahme an Selbstliebe, Selbstachtung, Selbstvertrauen und Glück.«[17]

Attila Hildmann, Autor des Buches »Vegan for Fun«, erklärte in einem Interview, geführt von Frank Joung, dass vegan zu leben sich wie Viagra auswirke: »Du glaubst nicht, wie es deine Sexualität positiv beeinflussen kann. Die Arterien sind freigeputzt, du fühlst dich vitaler. Abgesehen davon ist es viel männlicher zu sagen ›Ich verschone heute ein Tier und nehme ein veganes Gericht‹.«[18]

Vegan in der Schwangerschaft

Eine Schwangerschaft ist für viele Frauen der Anlass, ihre Lebensweise zum Wohle des ungeborenen Kindes zu ändern. Der größte Wunsch ist, dass das Kind ohne Giftstoffe, Hormone, Pestizide, Purine und Antibiotika heranwachsen kann. Zumindest erging es mir so. Ich war eine »Spätgebärende« und eigentlich – laut der Ärzte – eine Risikoschwangerschaft.

So ähnlich erleben es viele andere Frauen. Entweder sie sind schon Vegetarier/Veganer oder die Schwangerschaft ist der Anlass dafür.

Meine vegane Schwangerschaft verlief natürlich unter therapeutischer Betreuung.

Aufgrund des heutigen Wissens war es ziemlich leicht, dass wir, mein heranwachsendes Kind und auch ich, sehr gut versorgt waren. Es gibt auch gute Literatur dazu (siehe peta.de).

Dass vegan zu leben gesund ist, wusste ich. Doch wie sollte ich mich bei den plötzlichen Verlangen auf etwas Süßes oder auf etwas zu Knabbern verhalten? Hier halfen die vielen Varianten von gerösteten Nüssen (Haselnuss, Mandel oder Sojabohne) und getrocknete Apfelscheiben oder getrocknete Ananasscheiben.

Und für zwischendurch und überhaupt gab es Rohkost, meist in Form von Karotten, Kohlrabi, Äpfel (auch getrocknete Apfelchips), Paprika, Radieschen, eine halbe Avocado, grüne Gurkensticks und Selleriestangen.

Achten Sie jedoch auf Ware aus biologischem Anbau!

Sehr gut ist Hirse. Sie ist sehr eisenhaltig und sorgt zudem für die Elastizität der Haut aufgrund des hohen Kieselsäureanteils.

Mein Kind kam gesund zur Welt! Auch ich war gesund. Wir beide waren energiegeladen. Ich konnte mit Hilfe der diversen Stilltees, die im Reformhaus und Apotheken angeboten werden, mein Baby stillen.

Impfen und tierisches Eiweiß

Jedes Lebewesen besitzt eine natürliche Immunität, die von einem früheren Kontakt mit Krankheitserregern stammen. Diese Immunität ist angeboren und wird durch eine gesunde Lebens- und Ernährungsweise verstärkt.[19]

Zur Herstellung der heute gebräuchlichen Impfstoffe werden Tiere bzw. Tierorgane benötigt. Da Viren nur im lebenden Organismus existieren oder sich vermehren können, werden sie bei der Impfstoffherstellung entweder im Tier selbst, in Zellkulturen, befruchteten Eiern oder aus dem Blut infizierter Tiere gewonnen. Diese »benutzten« Tiere sind Kälber, Schafe, Kaninchen, Pferde, Hunde, Affen, Hamster, Ratten, Mäuse, Kühe, Meerschweinchen und andere. Millionen von Tieren werden dadurch gequält, verstümmelt und getötet – im Namen der Medizin.

Heute wird von der Pharmaindustrie offiziell behauptet, zur Impfstoffherstellung kaum noch Tiere zu benutzen. Die Pharmaindustrie sei jetzt technisch in der Lage, die benötigten Kulturen auf »HDC« zu züchten. HDC sind menschliche Krebszellen. Und woher kommt der Krebsanstieg bei Kindern?

Ein Veganer verabscheut artfremdes Eiweiß. Das jedoch wird bereits den Kleinstkindern direkt in den Muskel gespritzt, (außer bei der Schluckimpfung für Polio).

Das Fatale an der Sache ist, dass der menschliche Körper artfremdes Eiweiß, das direkt in den Muskel bzw. in die Blutbahn gespritzt wird, nicht verarbeiten kann. Die

Schleimhäute, Haut, Mandeln, Magen- und Darmtrakt sowie die Leber sind physikalische Abwehrbarrieren und »filtern« alles, bevor ein Stoff in die Blutbahn gelangt. Der menschliche Organismus ist jedoch mit der Impfung völlig überfordert. Bei tierischem Eiweiß können die Filter nur unzureichend funktionieren. Und es werden heute einem Kleinstkind, das noch nicht einmal laufen oder sprechen kann, bis zu 20 artfremde Eiweiße über die Impfungen gespritzt. Außerdem kommen die Bestandteile in den Impfstoffen dazu, um sie haltbarer zu machen. Das sind Formaldehyd, Quecksilber, Aluminiumsulfate, Azeton, Phenol, Antibiotika, Stabilisatoren, Konservierungsstoffe und Neutralisatoren.

Eine tragische Entwicklung nahm ein Impfprogramm unter der Leitung von Dr. Salk in der Zeit zwischen 1954 und 1963. Ein Großteil des Impfstoffes gegen Polio war mit dem SV40 (Affenkrankheit) Virus infiziert, weil man kranke Affen mit dem Serum getestet hatte. Millionen Europäer und Amerikaner wurden so infiziert. SV40-Viren erzeugen Krebs mit einer Latenzzeit von 10 bis 20 Jahren. Die *London Times* berichtete in der Ausgabe vom 11. Mai 1987 auf der Titelseite, dass die WHO die Aids-Epidemie in Afrika durch das Impfprogramm in Afrika gegen Pocken ausgelöst habe.[20] Interessanterweise sind dort, wo am meisten geimpft wurde, die meisten Aidskranken.

Durch Impfungen wird das menschliche Immunsystem sozusagen stillgelegt und kann den Körper nicht mehr schützen. Aufgrund dieses denaturierten tierischen Eiweißes entstehen Krankheiten wie Epilepsie, Gehirnentzündungen, Verhaltensstörungen, verschleppte Entwicklung,

Neurodermitis, Heuschnupfen, Asthma, kindliche Diabetes, Schlafsucht, Interesselosigkeit, Lähmungen, Defekte an Augen, Ohren und Stimme, Charakterveränderungen bis hin zur Gewalttätigkeit und Kriminalität, Stillstand des Wachstums, rheumatische Beschwerden, stundenlanges schrilles Schreien, Krampfanfälle, die nicht auf Medikamente ansprechen, Spasmen, Autismus, Bettnässen, plötzlicher Kindstod und vieles mehr.

Wichtig für die Eltern ist zu wissen: In Deutschland herrscht Impffreiheit und keine Impfpflicht!

Die Eltern haben die Entscheidungsfreiheit, wann und in welchem Ausmaß sie ihr Kind impfen lassen wollen oder nicht!

Geistig-spirituelle, ethische, achtsame und religiöse Denkweisen

Bei der Mahlzeit
bewirtest du zwei Gäste:
deinen Leib und deine Seele.
Epiktet
(55 – 135 n. Chr.)

Veganern geht es meistens um »ethisches Essen«. Laut einer Studie der *vegan-gesellschaft sind es immerhin 63,1 Prozent aller Veganer, die diesen Grund angeben. Dagegen ist Gesundheit, die bei reinen – ethischen Ernährungsformen meist die Hauptmotivation darstellt, hier zwar der zweitwichtigste Grund, aber mit 22,5 Prozent recht abgeschlagen. Die ethische Motivation verstärkt sich noch, wenn die Personen dann vegan geworden sind. Dann ist für 90,4 Prozent das Leid der Tiere zu verringern, ein »sehr wichtiger Faktor«, vegan zu bleiben.*

Diverse religiöse und geistig-spirituelle Traditionen zeigen, dass eine vegetarische Ernährung empfohlen oder gefordert wird. In den ältesten religiösen Traditionen ist ein vegetarisches (teilweise auch veganes) Leben damit verbunden. (In früheren Zeiten gab es den Begriff vegan ja noch nicht.)

Pythagoras und die Anhänger seiner geistig-spirituellen Richtung waren Vegetarier. Die berühmten Philosophen aus der Antike wie Plato (428/427 v. Chr.–348/347 v. Chr.). Empedokles (490 v. Chr. – 435 v. Chr.), Appolonius (circa

4. Jahrhundert v. Chr.), Plutarch (45 n. Chr.–120 n. Chr.) und Porphyrios (234 n. Chr. –305 n. Chr.) lebten vegetarisch, ebenso die Essener und die Orphiker. Beim sorgfältigen Studium der Bibel findet man, dass die ursprüngliche Absicht Gottes eine vegetarische Ernährung des Menschen war. In der Genesis unter 1. Moses 1,29 spricht er: »Ich habe euch allerlei grünes Kraut gegeben, das sich besamet auf der Erden und Bäume, die sich besamen und Frucht tragen, ein jeder nach seiner Art: Dies gebe ich euch als Speise.« Und folgen wir dem 5. Gebot »Du sollst nicht töten«, kommt es überhaupt nicht in Frage, Fleisch, Fisch, Geflügel und Eier zu essen.

Im Buch Jesaja sagt Gott ganz deutlich. »Wer einen Stier schlachtet, gleicht dem, der einen Mann erschlägt.« (Jes. 66,3)

Jesus Christus war der Verkünder des Friedens und der Gewaltlosigkeit. Er forderte auf, niemals zu töten, und er gebot alle zu lieben. Die Sufis leben heute noch vegetarisch. Buddha, der Barmherzige, lehrte Gewaltlosigkeit allen Geschöpfen gegenüber, und ursprünglich waren seine Anhänger Vegetarier. Mahavira, der Gründer der Jain-Religion, predigte eine strenge vegetarische Lebensweise. Selbstverständlich ist Vegetarismus auch ein wesentlicher Bestandteil im Hinduismus. In den Sikh-Tempeln wird nur vegetarisches Essen ausgegeben, obwohl viele der Anhänger heute keine Vegetarier mehr sind. Die mystische Tradition jedoch befürwortet eindeutig den Vegetarismus.

In der Sant Mat (Ursprung Indien)-Tradition wird die Nahrung in folgende Gruppen eingeteilt:

Reine Nahrung

- Gemüse, Getreide, Reis, Bohnen, Hülsenfrüchte,
  Obst und Nüsse (*falls noch nicht Veganer:*
  auch Milch, Butter und Käse) – alles in Maßen.
- Diese Lebensmittel bewirken Heiterkeit und
  Ausgewogenheit. Man sagt, sie halten Verstand
  und Herz von Unreinheiten frei.

Stimulierende Nahrung

- Pfeffer, Gewürze, Spezereien, Saures und Bitteres.
- Diese Nahrung regt die Sinne an.

Abstumpfende Nahrung

- Zu alt gewordene Speisen, Fleisch, Fisch, Geflügel,
  Eier und alkoholische Getränke.
- Diese Nahrung macht träge und faul. Eier
  stumpfen den Geist ab.[3]

»*Wenn wir über die Vorteile der pflanzlichen Ernährung nachdenken, fällt uns als erstes die körperliche Gesundheit ein. Mediziner beschreiben die Vorteile dieser Form der Ernährung und raten, vegetarisch/vegan zu leben, um Krankheiten zu verringern oder zu verhindern und um unsere Gesundheit und Wohlbefinden zu unterstützen. Damit erhöht sich auch das Wohlbefinden unseres Geistes und der Seele.*«[21]

Teil 2

Wie stelle ich mich
auf vegane Ernährung um?

Vom Vegetarier zum Veganer

Eine Umstellung ist leicht und gut durchzuführen. Sie fangen mit einem Tag in der Woche an. Gut ist für viele sicher der Samstag.

Der vegane Samstag

(später ausdehnen auf einen oder mehr Tage
oder mehrere Monate)

1. Lassen Sie einfach die Milchprodukte wie Joghurt, Buttermilch, Hüttenkäse, Käse und Sahne weg.

Starten Sie am Morgen mit einem grünen Smoothie oder mit einem grünen Saft. Ihr Körper dankt es Ihnen – Sie fühlen sich voller Energie, einfach super! Für das Smoothie brauchen Sie einen Mixer und für den Saft einen Entsafter.

Rezept für das Samstag-Smoothie

- einige Sellerieblätter und eine Scheibe Sellerie
- ein wenig frischen Babyspinat
- ½ Apfel
- 1 Karotte
- ¼ Rote Rübe (Rote Bete, Rote Randen)
- 1 Bio-Banane (sehr wichtig)
- ein wenig Ingwer, am besten frisch
- etwas Petersilie oder auch frischen Koriander

- Die grünen Blätter oder grünen Gewürze können nach Ihrer Wahl zusammengestellt werden. Sehr gut schmecken auch Melisse und Minze. Wenn Sie entsäuern wollen, nehmen sie einige Brennnesselblätter.

- Zum Pürieren bzw. Mixen geben Sie etwas Wasser dazu.

- Dann in Gläser füllen und frisch trinken.

- Falls etwas übrig bleibt, ist das kein Problem. Geben Sie ein wenig Gemüsebrühe dazu, und Sie haben eine leckere Suppe.

Guten Appetit!

2. Zum Frühstück essen Sie Früchte wie Papaya (bitte kaufen Sie nur die großen Papaya, die kleinen haben sehr oft ein mindere Qualität), Ananas oder unsere heimischen Himbeeren und Blaubeeren, Äpfel oder Birnen. Essen Sie dazu einige Nüsse, vor allem Mandeln wegen des hochwertigen Proteins. Auch Kokosflocken oder Kokosstückchen sind gut. Sehr viel Energie gibt es mit Haferflocken und Dinkelflocken.

Sie können natürlich das Smoothie den ganzen Tag über verteilt trinken.

Wer lieber mittags oder abends warmes Essen zu sich nimmt, kann Gemüse dünsten wie grünes Gurkengemüse, Brokkoli, Grünkohl, Spinat, Karotten, grüne Bohnen, Pilze und wer will, isst dazu Kartoffeln aus biologischem Anbau.

Wer Nudeln mag, kann Spaghetti, Bandnudeln, Tortellini mit Gemüse mischen. Geben Sie am Schluss ein wenig Olivenöl und eine halbe ausgepresste Zitrone darüber. Würzen Sie, wonach Ihnen gelüstet.

Da wir inzwischen ein globales Essensangebot haben, versuchen Sie es mit frischen Ananasstücken und Kokosflocken, um den Geschmack zu verändern. Und sehr gut schmeckt es, wenn Sie auch einige Apfelscheiben dazu geben.

Auch Pizza ist erlaubt. Vegetarische Pizza gibt es schon lange im Angebot.

3. Falls tagsüber Gelüste oder Hunger entstehen, einfach Obst, getrocknete Früchte oder Nüsse essen. Auch die Getreidemilchsorten wie Hafermilch, Reismilch oder Sojamilch sind eine schmackhafte Alternative.

4. Frische Salate sind wir schon gewohnt – meistens. Falls noch Appetit auf Fleischgeschmack vorhanden ist, nutzen Sie die guten Angebote eines Reformhauses oder sonstigen vegetarischen/ veganen Supermarktes. Die meisten regulären Supermärkte haben bereits vegetarische/vegane Abteilungen. Es lohnt sich, nachzufragen.

5. Um sich mental umzustellen, hilft die Vorstellung, wie diese Ernährung meinem Körper und meiner Seele guttut. Der beste Gedanke ist, keine Tiere mehr verletzen oder töten zu wollen. Ob dies aus Liebe, Achtsamkeit, Mitgefühl, aus dem Glauben oder Intellekt geschieht, ist egal. Die meisten Menschen entschließen sich zu dieser Lebensweise spontan, von einem Tag auf den anderen.

Ihr Einkaufszettel für einen Tag

Er könnte folgendermaßen aussehen:

– 1 Fenchel, Äpfel, Brombeeren und Himbeeren, Zitrone oder Eisbergsalat

– gutes Öl wie Kokosnussöl, Olivenöl oder Haselnussöl für den Salat

– Kartoffeln für eine leckere Suppe, gekörnte Gemüsebrühe

– Nudeln (Fusilli), getrocknete Tomaten, reife Tomaten, grüne Bohnen, blanchierte Mandeln und Petersilie

Rezepte

Alle folgenden Rezepte sind für zwei Personen.

Feine Kartoffelsuppe

- 250 g Kartoffeln schälen und in Würfel schneiden,
½ Lauch in Ringe schneiden, Kartoffeln, ½ Zwiebel
kleingeschnitten, und Lauch mit ½ l Wasser
und 1 Teel. gekörnte Gemüsebrühe aufkochen
und bei schwacher Hitze 15 Minuten garen.
Die Suppe im Mixer pürieren. Frisch gehackte
Petersilie darüber streuen und mit etwas Hafermilch (Haferdrink) servieren.

***

Fenchelsalat mit Apfel und Brombeeren

- 1 Handvoll Haselnüsse, einige Brombeeren, eine
Prise gekörnte Gemüsebrühe, den Saft einer Zitrone,
etwas Olivenöl und/oder Haselnussöl, 1 Fenchel,
etwas Staudensellerie und 1 Apfel. Den Fenchel
und das Grün vom Staudensellerie klein schneiden,
Gemüsebrühe, Saft und ein wenig Öl dazugeben.
Mit den Brombeeren und Haselnüssen garnieren.

***

Fusilli mit Tomaten und grünen Bohnen

- 50 g getrocknete Tomaten, 3 reife Tomaten, 1 EL blanchierte Mandeln, 2 EL Olivenöl.
100 g grüne Bohnen (in feine Stücke geschnitten, 200 g Fusilli, grob gehackter Basilikum, etwas Bohnenkraut, etwas gekörnte Gemüsebrühe und schwarzen Pfeffer

- Die Fusilli und die grünen Bohnen kochen, dann mit den kleingehackten, getrockneten und reifen Tomaten mischen, etwas gekörnte Gemüsebrühe, Basilikum, Bohnenkraut und Pfeffer dazu. Zum Garnieren einige Basilikumblätter.

Vom Allesesser zum Veganer

Auch hier gilt, am besten mit einem grünen Smoothie oder Säften zu starten. Übrigens: Wer nicht gerne Salate isst, der grüne Smoothie ist ein wunderbarer Ersatz. Natürlich schmeckt auch jedes andere Smoothie.

Was brauche ich für ein grünes Smoothie?

- etwas Wasser oder Obstsaft
- grünes Blattgemüse
- einige Früchte

Rezepte

Alle folgenden Rezepte sind für zwei Personen.

Zitronen-Mandel-Smoothie

- Saft einer Zitrone
- 1 Teel. Mandelmus
- etwas Ingwer
- wer keine Schwierigkeiten mit dem Blutzucker hat, kann Rosinen nehmen
- etwas Vanille und/oder Zimt

- Alles mischen und dann servieren.

Apfel-Karotten-Rote Bete-Smoothie

- 1 Apfel
- 1 rote Rübe (Bete)
- 1 Glas Karottensaft
- etwas Apfelsaft
- Saft einer halben Zitrone
- etwas Öl

• Alles mischen und dann kühl trinken. Falls ihr Mixer nicht so leistungsstark ist, bitte statt der Roten Rübe (Bete) Saft davon verwenden.

***

Karotten-Bananen-Smoothie

- 1 reife Bio-Banane
- 1 Glas milchsaurer Karottensaft
- ½ Sojajoghurt
- etwas Ingwer

• Alles mischen und trinken.

***

Die Umstellung sanft beginnen, zuerst für einen Tag (siehe S. 101) oder gleich richtig für einen längeren Zeitraum (ca. vier Wochen).

Ich stelle Ihnen hier einige schmackhafte Rezepte fürs Frühstück, für Salate, Suppen, Hauptgerichte und Desserts vor. Sie können sich so am besten aussuchen, was Ihnen liegt. Denn es ist ja keine Diät, sondern eine Umstellung auf eine natürliche, umweltschonende und dazu noch gesunde Lebensweise.

In Reformhäusern gibt es sehr leckere vegane Bratwürste, Geschnetzeltes, Tofu, Schnitzel und Steaks – alles aus Pflanzen!

Auch die neuen veganen Köstlichkeiten von Marion Kracht, die »vevenga« Reihe, sind sehr zu empfehlen.

FRÜHSTÜCK

- Müsli jeder Art mit Getreidemilch und/oder frischen Früchten

***

Orangen-Mango-Quinoa
mit Zitrone und Mandeln

- 1 reife Mango
- 1 Orange
- 1 Tasse gekochter Quinoa
- Saft einer Zitrone, frisch gepresst
- 1 EL gehackte Mandeln
- frische Minze zum Dekorieren

- Früchte schälen und klein schneiden. Alle Zutaten unter das gekochte Quinoa geben. Mit Minzblättern garnieren.

***

Ananas-Zimt-Smoothie

- 2 Scheiben Ananas klein schneiden
- 1 Becher Sojajoghurt
- ½ Teel. Zimt und etwas Honig oder Birnendicksaft

- Alles mischen und trinken.

***

Veganes Rührei

- 125 g Tofu, 2 Tomaten oder anderes Gemüse, einige Stücke Champignons, etwas gekörnte Gemüsebrühe zum Würzen, Kurkuma- oder Currypulver, Schnittlauch und Petersilie, etwas Olivenöl.

- Das Pflanzenöl (Olive oder Kokos) in der Pfanne erwärmen, den zerbröselten Tofu und die klein geschnittenen Tomaten und Champignons dazugeben.

Ebenso Kurkuma oder Curry und die gekörnte Gemüsebrühe. Leicht anbraten, bis goldgelb.

• Zum Garnieren die kleingehackten Kräuter und etwas Pfeffer verwenden.

***

SALATE

Fenchel-Eisberg-Salat[22]

- 1 Fenchel
- ½ Eisbergsalat
- 1 Orange
- 1 EL Walnüsse
- 2 EL Olivenöl
- Saft einer Zitrone und etwas gekörnte Gemüsebrühe zum Würzen

• Zuerst den Saft einer Zitrone zusammen mit dem Olivenöl und der gekörnten Gemüsebrühe mischen. Den Fenchel, die Orange und den Eisbergsalat kleinschneiden, waschen und darunter mischen. Die Walnüsse hacken, in einer Pfanne leicht anrösten und über den Salat streuen.

***

Veganer Kartoffelsalat

- 5–10 gekochte Pellkartoffeln
- ½–1 rote Paprika
- 1 kleine Zwiebel, etwas Schnittlauch,
  etwas Petersilie
- ½ reife Avocado (in längliche Streifen geschnitten)
- 1 EL gekörnte Gemüsebrühe
- 4 kleine Cocktailtomaten
- Saft einer Zitrone oder etwas Obstessig
- 2–4 EL Olivenöl
- ½ Tasse warmes Wasser
- etwas schwarzer Pfeffer und Senf

- Die gekochten Kartoffeln schälen und in kleine
  Stücke schneiden. Die Paprika und Tomaten in
  kleine Stücke schneiden. In der Zwischenzeit
  1 Teel. gekörnte Gemüsebrühe in das warme
  Wasser geben und verrühren.

- Das Grünzeug kleinschneiden.

- Die kleingeschnittenen Kartoffeln in eine
  Schüssel geben. Die ½–1 Tasse Gemüsebrühe,
  die kleingeschnittene Zwiebel, Paprika, Tomaten,
  den Schnittlauch und die Petersilie dazugeben,
  alles mischen.

- Am Schluss mit den Avocadoscheiben garnieren.

***

Apfel-Karotten-Salat

- 5 Karotten
- 2 Äpfel
- eine Prise gekörnte Gemüsebrühe
- Saft einer frischen Limette oder Zitrone
- 2 EL Olivenöl
- zum Süßen etwas Birnendicksaft
- ½ Teel. frisch gehackten Ingwer

• Äpfel und Karotten waschen, beides raspeln,
den Limette- oder Zitronensaft mit dem Olivenöl
und Birnendicksaft mischen, dann über die Äpfel
und Karotten gießen; etwas gekörnte Gemüsebrühe
dazu und kurz ziehen lassen.

***

Apfel-Sellerie-Salat

- 2 Äpfel
- ½ Sellerie
- 1 Sojajoghurt
- ½ Glas Orangensaft
- Saft einer Zitrone, Birnendicksaft
- Walnüsse oder Haselnüsse

• Sellerie und Äpfel raspeln, mit Joghurt und den
Säften vermischen, mit den Nüssen garnieren.

SUPPEN

Süßkartoffel-Apfelsuppe[23]

- 2 Äpfel
- ¼ kleingehackte Zwiebel
- 1 El kleingehackter Ingwer
- 2 El Kokosöl
- 2 gekochte Süßkartoffeln, geschält und gewürfelt
- Saft einer Zitrone
- 1 Teel. gekörnte Gemüsebrühe
- Pfeffer
- ¼ Glas Apfelsaft
- etwas Sojasahne
- 100g Seidentofu (gewürfelt)
- 1 EL gehackte Korianderblätter oder Petersilie

- 1 Apfel fein und 1 Apfel grob würfeln. Zwiebel, Seidentofu und Ingwer in Kokosöl farblos anschwitzen, dann Süßkartoffeln und den grob gehackten Apfel dazugeben, Zitronensaft und die Gemüsebrühe dazu gießen. Ca. 20 Minuten leicht gar kochen.

- Fein gehackten Apfel in heißem Apfelsaft dünsten. Die Hälfte der Sojasahne zur Suppe, abschmecken. Suppe in Teller füllen, mit dem Rest der Sojasahne und mit Koriander oder Petersilie garnieren. Mit frisch gemahlenem Pfeffer bestreuen, servieren.

***

Selleriecremesuppe mit Pumpernickel[24]

- 1 kleine Zwiebel
- ½ Sellerie
- ½ l Wasser
- 1 Packung vegane Sahne (Soja oder Hafer)
- 2 Scheiben Pumpernickel
- etwas Kokosöl (fett)
- Muskat und schwarzer Pfeffer
- gekörnte Gemüsebrühe
- Schnittlauch und Petersilie

• Zwiebel schälen und in kleine Würfel schneiden,
  in etwas Kokosöl oder Olivenöl glasig anbraten,
  mit dem Wasser ablöschen und köcheln. 1 Teel.
  gekörnte Gemüsebrühe dazu.

• Den Sellerie waschen, in kleine Würfel schneiden
  und in den Suppentopf geben. Wenn der Sellerie
  weich ist, die vegane Sahne dazugeben, pürieren,
  bis alles sämig ist. Mit Muskat und Pfeffer
  abschmecken, gekrümelten Pumpernickel
  dazugeben.

• Die Suppe in den Teller füllen und einige
  Pumpernickelkrümel darüber streuen.

• Wer will, kann noch mit Petersilie und Schnittlauch
  garnieren.

***

Vegane Kürbissuppe

- ½ Hokkaidokürbis (mit Schale)und 2 Kartoffeln in Stücke schneiden
- 1 EL gekörnte Gemüsebrühe
- etwas mehr als ½ l Wasser (330 g)
- 1 Packung Soja- oder Hafersahne,
- etwas Kreuzkümmel und Koriander

- Alles klein schneiden, mit dem Wasser mischen und kochen. Fertig.

***

HAUPTGERICHTE

Karotteneintopf

- ½ Zwiebel
- 4 Tomaten
- Olivenöl
- Tomatenmark
- 1 EL gekörnte Gemüsebrühe
- 2 Lorbeerblätter
- 100 g frische dicke Bohnen
- 50 g Reis
- 5 Karotten
- ½ Lauch
- Petersilie
- frischer Koriander

- abgeriebene Zitronenschale (biologisch, ungespritzt)
- 1 EL gekörnte Gemüsebrühe, Pfeffer

- Zwiebel und Tomaten klein würfeln und zusammen mit dem Tomatenmark in etwas Olivenöl oder Kokosöl kurz anrösten. Wasser, die gekörnte Gemüsebrühe, Lorbeerblätter und Bohnen dazugeben und für 20 Minuten köcheln lassen. Dazu den gegarten Reis und den klein geschnittenen Lauch geben. Weitere 20 Minuten köcheln. Nochmals 1 EL Öl mit der geriebenen Zitronenschale darunterrühren. Mit Petersilie und Koriander bestreuen und in den Teller füllen.

***

Rote Bete Gratin[3]

- 2 Rote Bete und 3 Kartoffeln schälen, in dünne Scheiben schneiden und mischen. Den Backofen auf 200 Grad vorheizen.

- Eine flache Gratinform mit Kokosöl bestreichen. Einige Pfeffer- und Pimentkörner zerstoßen. Rote Bete und Kartoffeln mit gekörnter Gemüsebrühe würzen und in der Form verteilen. 1 Packung vegane Sahne darüber gießen, Kokosöl in Flocken darüber verteilen und in den Backofen schieben. Das Gratin 1 Stunde backen, bis die Kartoffeln und Rüben gar sind.

Brokkoli mit Mandelsplittern[3]

- 1 Brokkoli
- 1 kleine Zwiebel
- gekörnte Gemüsebrühe
- Mandelsplitter
- Kokosfett

- Den gewaschenen Brokkoli in kleine Röschen zerteilen. 1 kleine Zwiebel in Stücke schneiden, Kokosöl in einer Pfanne anwärmen und die Zwiebelwürfel glasig dünsten. Die Brokkoliröschen dazugeben, mit gekörnter Gemüsebrühe würzen, 1 Tasse Wasser dazu und für 5–10 Minuten dünsten. Herausnehmen und warmhalten.

- 50 g Mandelsplitter in einer Pfanne goldbraun rösten (ohne Fett). Das Brokkoligemüse mit dem Saft einer Zitrone übergießen, etwas Pfeffer und Muskat darüber und mit den Mandelsplittern bestreuen.

- Dazu Reis oder Kartoffeln reichen.

***

Scharfe Süßkartoffelrösti
mit Kichererbsenmehl

- 2 Süßkartoffeln
- 1 kleine Zwiebel (oder 1 halbe große)
- 1 Bund Koriandergrün oder Petersilie
- 1 Stück (ca. 2 cm) frischer Ingwer
- 1 rote Chilischote oder rote Spitzpaprika
- etwas Kreuzkümmel
- etwas vegane Sahne
- 2–3 EL Kichererbsenmehl, Kokosöl

• Die Süßkartoffeln schälen und grob raspeln.
  Die kleine Zwiebel fein würfeln.
  Das Koriandergrün oder Petersilie klein schneiden.
  Den Ingwer schälen und fein reiben.
  Die Chilischoten oder den Spitzpaprika der Länge
  nach aufschneiden, die Samen rausnehmen und
  die Schoten in kleine Stücke schneiden.

• Alles in eine Schüssel geben, mit einer Prise
  gekörnter Gemüsebrühe, mit dem Kreuzkümmel,
  veganer Sahne und dem Kichererbsenmehl
  vermischen.

• Kokosöl (ca. 1 cm hoch) in einer Pfanne erhitzen.
  Dann jeweils einen gehäuften Süßkartoffelbrei
  hineingeben und flach drücken. Von jeder Seite
  goldbraun backen.

***

Spinat-Kartoffel-Pflanzerl (Burger) mit Thymian[25]

- ½ Packung tiefgekühlter biologischer Spinat
- 5 mehlig kochende Kartoffeln
- 1 Chilischote oder 1 Spritzpaprika
- ca. 2 EL Kichererbsenmehl
- ca. ½ Teel. Thymian
- 1 Teel. Kurkuma
- gekörnte Gemüsebrühe
- Kokosöl oder Olivenöl

- Für den Dipp: 1–2 Becher veganen Joghurt, etwas Kreuzkümmel und Minzeblätter.

• Den Spinat auftauen lassen. Die Kartoffeln mit Schale kochen (ca. 25 Min). Den Spinat gut ausdrücken und grob schneiden, den Chili oder die Paprika in feine Stücke schneiden (ohne Samen).

• Die Kartoffeln mit kaltem Wasser abschrecken, dann pellen und mit einer Gabel zerdrücken. Chili (Paprika), Spinat, Kichererbsenmehl, Thymian und Kurkuma mit einer Prise gekörnter Gemüsebrühe mit den Kartoffeln mischen.

• Das Öl in der Pfanne erwärmen und die Pflanzerl (Burger) formen und portionsweise auf jeder Seite 3 Min. anbraten.

- Die Minze klein hacken und mit dem veganen
Joghurt vermischen. Nach Wunsch mit
Gemüsebrühe oder Salz und Pfeffer würzen.
Zu den frisch gebratenen Pflanzerln servieren.

***

NACHSPEISEN

Zitronen-Kokos-Creme

- Saft einer Zitrone
- 100 ml Sojasahne
- ½ Teel. Vanille
- 25 ml Kokosmilch (aus der Dose)
- Birnendicksaft oder Ahornsirup

- Die Zitrone gut abwaschen und trocken reiben.
Dann die Schale reiben und Saft auspressen.
Sojasahne (min. 5 Min.) steif schlagen. Alles
zusammen gut mischen, kalt stellen und servieren.

***

Traubensalat[26]

- Blaue und gelbe Trauben waschen, halbieren,
mit etwas Ahornsirup mischen und halbierte
Walnüsse daruntergeben.

Pistaziencreme[26]

- Vegane Sahne
- 2 EL Pistazien
- etwas Vanille, Ahornsirup
- 4 frische Feigen

• Die vegane Sahne mindestens 5 Min. schlagen, die gehackten Pistazien, Vanille und 1 Teel. Ahornsirup darunterheben und gut mischen. Zur Dekoration die halbierten Feigen verwenden.

***

Soja-Sahne

• Wirklich gut schlagen lässt sich Soyatoo oder Soy Whip. Es gibt übrigens auch Reis Whip oder Cocos-Whip. Eine Packung enthält immer 300 ml.

• Tipp: Vor dem Schlagen 2 Stunden in den Kühlschrank stellen.

Wer es ganz gesund machen will,
beginnt mit einem Rohkosttag

Ungekochte Nahrung, egal ob Gemüse oder Früchte, ist sehr gesund. Das liegt nicht nur am hohen Gehalt an Vitaminen, sondern auch an den vielen Vitalstoffen. Außerdem hilft sie bei der Verdauung, sodass viele Giftstoffe aus dem Körper ausgeschieden werden.

Sehr wichtig ist es, dass Gemüse und Obst am Tag zu sich genommen werden und wegen des hohen Eiweißgehaltes auch Mandeln, Leinsamen und Nüsse. Früchte allein bewirken einen Säureüberschuss.

Sie dürfen alles Gemüse und alles Obst essen, was Ihnen schmeckt, jedoch verzehren Sie unbedingt Nüsse dazu!

Teil 3

Die häufigsten
Fragen und Antworten

Vegan leben mit dem richtigen Wissen

Wer seine Ernährung und seine Lebensweise umstellen möchte, hat meist viele Fragen. Ich habe die Fragen, die mir am häufigsten gestellt wurden, zusammengestellt – und beantwortet.

***

Wie kann ich als Veganer genügend Eisen in der Nahrung aufnehmen?

Es gibt genügend Pflanzen, die Eisen enthalten das beim Essen aufgenommen werden kann.

Das sind Hülsenfrüchte, vor allem Hirse, Linsen, Nüsse, alle dunkelgrünen Gemüsesorten wie Mangold, Spinat, grüne Bohnen, Blattsalate, auch Löwenzahnblätter. Am wichtigsten ist die Aufnahme von grünem Gemüse und vielen grünen Kräutern wegen des Chlorophylls.[3] Beeren, Sonnenblumenkerne, Kürbiskerne, Leinsamen, Sesam, Vollkornprodukte, Wurzel- und Knollengemüse – hierzu gehört auch Meerrettich – enthalten Eisen.

Auch alle frischen biologischen Küchenkräuter wie Petersilie, Schnittlauch, Brunnen- und Gartenkresse und viele mehr sind wahre Eisenspeicher.

Mit Artischocken, Oliven, getrockneten Früchten, entöltem Kakaopulver (aus biologischem Anbau) können Sie Eisen tanken.

Wichtig ist, dass genügend Vitamin C in der Nahrung vorkommt. Denn Vitamin C fördert die Eisenaufnahme im Blut. Falls wirklich Eisen fehlt, ist der Grund häufig eine zu geringe Sauerstoffzufuhr. Deshalb ist das Chlorophyll des Pflanzengrüns so notwendig. Dies fördert den Sauerstofftransport und die Bildung von Eisen im Blut.

Stundenlanges Sitzen vor dem Bildschirm, Elektrosmog, ein tragbares Telefon, das nicht auf der Basisstation sitzt, und *WLAN*-Benutzung (drahtlose Datennetze) können den Eisenvorrat dezimieren.

Der Organismus braucht Eisen zum Sauerstofftransport, zur Energieproduktion in den Zellen und zur Immunabwehr. Bei einem Infekt wird der Eisenvorrat aufgebraucht.

Meine Empfehlung: viel grüne Smoothies trinken und Blattsalate essen. Dies regt den Organismus an, Eisen zu bilden. Nehmen Sie Hirse in Ihren Speiseplan auf. Sie enthält sehr viel Eisen. Verwenden Sie für den Salat anstelle von Obstessig, Limetten- oder Zitronensaft und reines biologisches Olivenöl aus erster Pressung.

***

Es heißt immer, dass bei veganer Ernährung nicht genügend Blut gebildet wird. Stimmt das?

Ann Wigmore, Gründerin des Hippokrates Health Instituts in West Palm Beach, Florida, USA, propagierte das Chlorophyll vom Weizengras als wichtigsten Stoff für die Blutbildung. Der deutsche Chemiker Richard Willstätter (1872–1942), Nobelpreisträger von 1915, isolierte das Chlorophyll, den grünen Farbstoff der Pflanzen. Er fand heraus, dass dieser aus zwei Teilen besteht: dem blaugrünen Chlorophyll und dem gelbgrünen Chlorophyll (3:1).

Beide sind chemisch mit dem Blutfarbstoff Hämin verwandt. Der Baustein von beiden ist das Pyrrol, ein Bestandteil des roten Blutfarbstoffs. Hämin verbindet sich mit Protein (Globin) und bildet das Hämoglobin, das in den roten Blutkörperchen vorkommt. Es transportiert den Sauerstoff aus der Lunge zu den Zellen und umgekehrt das Kohlendioxid zum Abatmen zurück. Nur mit Sauerstoff können unsere Körperzellen Energie produzieren. Nur mit Sauerstoff ist Leben möglich. Das Chlorophyll enthält Magnesium und das Hämin Eisen. R. Willstäter vermutete, dass Chlorophyll das blutbildende Element der Natur für alle Pflanzenesser und Menschen ist. R. Willstäter sagte, dass Chlorophyll bei anämischen Tieren genau so schnell wirkt wie Eisen.

Mit einem Satz: Es wird genügend Blut gebildet.

Das Chlorophyll aus dem Blattgrün ist dafür die Grundlage. Es ist das wichtigste Protein jetzt und in der Zukunft.

Das Grün der Pflanzen entsteht durch Sonnenlicht und gibt dem Körper die notwendige Energie zum Leben. Es gilt als eines der wichtigsten Hirnnahrungsmittel.

***

Für mich sind Sport und Ausdauer wichtig.
Ist dies mit veganer Kost möglich?

Ja, es ist möglich. Die Sorge besteht ja meist, dass zu wenig Eiweiß aufgenommen wird. Aber denken Sie an die Tiere, die hohe ausdauernde Leistungen vollbringen, zum Beispiel der Elefant, das Pferd (nach dem die Automotorenstärke PS genannt wurde), das Kamel, der Esel oder

der Ochse. All diese Tiere sind Veganer oder strenge Vegetarier. Ein Löwe, der eine Gazelle erbeutet, vollbringt Höchstleistung, aber nur kurzzeitig. Nach dem Zerlegen und Fressen seiner Beute braucht er mindestens 6 bis 12 Stunden Schlaf.

Pflanzliche Proteine sind enthalten in Hülsenfrüchten, Hirse, Soja, Getreide-Vollkorn-Produkten, Nüssen. Vor allem Mandeln besitzen nicht nur Eiweiße, sondern auch die wichtigen essenziellen Aminosäuren.

Als Fertiggerichte gibt es inzwischen nicht nur Soja, sondern auch Seitan (*Wheaty*) und Lupinenprodukte.

Während des Sports essen Sie am besten Trockenobst und Nüsse. Aber vorher und nachher unbedingt »Grünes«, um wieder Eisen aufzufüllen.

***

Gibt es irgendwelche Mangelerscheinungen
bei veganer Ernährung?

Im Prinzip nein. Streng vegetarisch oder vegan zu leben bedeutet ja nicht, sich nur mit Süßigkeiten, Junkfood oder Konserven zu ernähren.

Vielmehr sind frisches Obst, frisches Gemüse, Vollkorngetreide und Nüsse ein Muss. Die grünen Blätter und Gemüsesorten sind für die tägliche Ernährung sehr wichtig. Nüsse essen und zwischendurch Trockenobst knabbern – das ist ideal.

Achten Sie darauf, dass alle Nahrungsmittel biologisch (organisch) produziert wurden. Es kann keine Mangelerscheinungen geben. Es sei denn, es liegt etwas anderes vor.

Im Gemüse- und Obstanbau werden ja leider sehr oft noch Pestizide und Herbizide eingesetzt.

Frische Sprossen und Keime sind sehr hilfreich, wenn anfangs Gelüste auftreten. Ich selbst habe stets einige Mandeln oder Walnüsse in meiner Tasche für Zwischendurch, oder ich esse getrocknete Apfelchips, Aprikosen, Ananas, Feigen und Datteln.

Inzwischen bieten die Bioläden oder Abteilungen mit Biogemüse und Bio-Obst in den Supermärkten meist frische Ware an. Lassen Sie sich auch Bioprodukte von den umliegenden Bauern oder Gärtnereien liefern.

***

Ich lebte bis jetzt vegetarisch. Aufgrund der minderwertigen Milchqualität und der ungerechten Tierhaltung will ich mich auf vegan umstellen. Worauf muss ich achten? Wie bekomme ich genügend Proteine?

Da Proteine sich aus Aminosäuren zusammensetzen, ist es wichtig, die neun lebenswichtigen Aminosäuren aus den Pflanzen aufzunehmen.

Im Gegensatz zur suggerierten Meinung der Milch- und Fleischindustrie sind 10 Prozent der Nahrungsaufnahme als Protein notwendig. Veganer brauchen sich wirklich keine Gedanken darüber zu machen, die Pflanzen liefern uns alles, was wir brauchen. Sie sollten sogar aufpassen, dass Sie dem Körper nicht zu viel Protein zukommen lassen. Denn dies würde zu Nierensteinen oder gar zu Osteoporose führen.

Als Proteinlieferant bieten unsere Hülsenfrüchte wie Linsen, hier vor allem Dhal (gelb-orange Linsen), Bohnen und Erbsen, Hirse, Amaranth und Quinoa eine gute Auswahl. Das Protein der Sojabohne (biologischer Anbau) liefert den Hauptanteil an Proteinen. Die vielen Gesundheitsläden, Bioläden und Reformhäuser bieten sehr viele eiweißhaltige schmackhafte Produkte an wie Seitan, Tempeh, Soja-Burger, Seitanwürste, Geschnetzeltes und Rouladen (*Wheaty*) und pflanzliche Chicken Nuggets. Außerdem liefern Hefe und Süßwasseralgen ziemlich viel Protein.

Ebenso erhalten wir Proteine von vielen Gemüse- und Obstsorten sowie von Nüssen und Vollkorngetreide.

Haben Sie schon mal zwischendurch ein Glas Hafermilch probiert? Einfach köstlich![27]

***

In der Presse steht, dass vegane und vegetarische Ernährung zu Osteoporose führen. Stimmt das?

Im Deutschen Ärzteblatt wurde am 17. April 2008 ein interessanter Artikel veröffentlicht:

»Buddhistische Nonnen: *Keine Osteoporose trotz veganer Kost.*

Die Gruppe um Tuan Nguyen vom Garvan Institute of Medical Research in Sydney hatte bei 105 Nonnen aus mehreren buddhistischen Klöstern in Ho-Chi-Minh-Stadt (dem früheren Saigon) die Knochenmineraldichte mittels Doppelröntgen-Absorptiometrie (DXA) bestimmt.

Eigentlich hatten die Forscher bei den 50- bis 85-Jahren alten Frauen Zeichen einer Osteoporose erwartet, denn die Nonnen ernähren sich streng veganisch. Sie verzichten nicht nur auf Fleisch, sondern auf jegliche tierische Bestandteile und damit auch auf calciumreiche Milchprodukte.

Die tägliche Calciumaufnahme der Nonnen betrug nach Schätzung der Forscher im Durchschnitt lediglich 370 mg und lag damit deutlich unter der empfohlenen Zufuhr von 1000 mg/die. Dennoch war die Knochendichte nicht geringer als in einer Vergleichsgruppe gleichaltriger sich omnivor ernährender Frauen.«[28]

Fakt ist, dass sich durch die Nahrung mit Fleisch und Milchprodukten der Körper übersäuert. Das ist die Ursache für das Ausscheiden des Calciums aus dem Körper. Und diese Calciumausscheidung führt dann zu Osteoporose. Das ausgeschiedene Calcium endet letztendlich in den Nieren, was wiederum zu schmerzhaften Nierensteinen führt.

Ersetzen Sie tierisches Eiweiß mit pflanzlichen Nahrungsmitteln, und es wird Ihnen gut gehen. Sie selbst tragen zu Ihrer Gesundheit bei. Es gibt einen Spruch: »*Hilf dir selbst, dann hilft dir Gott.*« (Johanna Kröger)

Aufgrund des Welt-Osteoporose-Tages am 20. Oktober 2012 wurden einige Infos herausgegeben:

- Vitamin D-Mangel kann Osteoporose verursachen. Wer sich genügend im Licht und vor allem im Sonnenlicht aufhält, dessen Körper bildet das Vitamin selbst. In den südlichen Ländern gibt es so gut wie keine Osteoporose.

Dies ist der Grund, warum nur sonnenlichtgereifte Früchte und Gemüse auf den Tisch kommen sollten.[3] Viel Obst und Gemüse essen – natürlich gereift unter Sonnenlicht, ist die beste Prophylaxe. Auch calciumhaltiges Mineralwasser hilft, Osteoporose vorzubeugen.

- Tierisches Eiweiß ist schlecht! Es verhindert die optimale Einlagerung von Calcium im Knochen.
- Alkohol ist Gift.
- Salz (Natrium) spült Calcium aus den Knochen. Nur Profisportler oder Bauarbeiter, die in sommerlicher Hitze schwitzen, sollten mehr Natrium zu sich nehmen, da dies durch den Schweiß ausgeschieden wird.
- Bewegung und Sport beugen Osteoporose vor. Dadurch werden starke Knochen aufgebaut. Sport ist der beste Schutz gegen Hüftfrakturen. Außerdem: Muskeln, die durch Sport aufgebaut werden, schützen die Knochen.[29]
- Ganz wichtig und sehr wirkungsvoll ist die tägliche Aufnahme von Nachtkerzenöl.

***

Ist es schwierig, vegan zu leben?

Es gibt viele Menschen, die glauben, dass vegan zu leben schwierig sei. Es ist eine mentale Einstellung. Wenn eine Veränderung im Leben schwierig ist, dann ist möglicherweise der Kandidat mit der neuen Lebenseinstellung überfordert.

Viele glauben, dass vegan zu leben eine sehr aufwendige und kostspielige Sache sei. Dem ist einfach nicht so. Die *vegan-gesellschaft* fand bei einer Befragung heraus, dass nur 10,3 Prozent der Befragten veganes Leben als zu aufwendig fanden. Dagegen waren es 24,9 Prozent, die es viel einfacher empfanden, vegan zu leben. Für nur 3,2 Prozent erschien es ein großer Aufwand. 94,4 Prozent gaben an, sie wollten für den Rest ihres Lebens die vegane Ernährung beibehalten.

Einer der Veganer sagte in diesem Zusammenhang: »Das Einzige ist, was ich bereue, seit ich vegan geworden bin, dass ich es nicht früher geworden bin. Ich mag es, und es ist viel einfacher, als ich gedacht hätte.«[30]

***

Welchen Ersatz gibt es für Milch und Sahne?

Für Kuhmilch oder andere tierische Milchsorten gibt es Milch von Pflanzen. Seit Jahren steht in den Regalen Sojamilch. Bitte achten Sie unbedingt darauf, dass Sojamilch biologisch (organisch) hergestellt wurde, damit das Soja nicht genmanipuliert wurde. Am besten kaufen Sie Pflanzenmilch in einem Bioladen, Reformhaus oder in der Bioabteilung Ihres Supermarkts.

Es gibt Reismilch, Kokosmilch, Hafermilch (Haferdrink) oder Mandelmilch, die Sie sehr gut selbst herstellen können. Entweder Sie verdünnen das weiße Mandelmus oder weichen die Mandeln über Nacht ein, enthäuten diese und pürieren sie mit Wasser im Mixer. Um keine Bittermandel abzubekommen, achten Sie auf Mandeln aus Kalifornien.

Mir selbst schmeckt am besten die Hafermilch aus dem Reformhaus. Probieren Sie es selbst aus.

Als Sahneersatz gibt es seit neuestem »Sprühfertigen Sahneersatz«. (LeHa, Vegane Sahne, siehe auch FoodOase. de). Kinder mögen es besonders gern.

Andere Sorten, die angeboten werden sind: RamaCreme-fine, Sojacuisine, Oat Avoine, Lima, Cuisine Amande, Eco-Mil). Wenn die Sahne nicht geschlagen werden muss, kann weißes Mandelmus mit etwas Wasser verrührt werden. Geben Sie ein klein wenig gutes Öl dazu, damit es schön »sahnig« oder cremig wird. Die Dichte können Sie dann selbst bestimmen.

***

Stimmt es, dass Veganer keine Eier essen? Warum?

Natürlich gibt es viele Menschen, die aus Erfahrung gewonnener weiser Gesundheitsüberlegung das Essen von Eiern ablehnen. Wer einmal eine Galleattacke erlebt hat, weiß, wovon diese Menschen sprechen.

Es gibt aber auch Menschen, die wissen, welche schlimmen Folgen die Fleischindustrie auf die Umwelt hat und deshalb alles Tierische ablehnen. Die meisten Vegetarier und Veganer haben sich entschlossen, alles, was vom Tier kommt, vom Speiseplan zu streichen. Sie wollen nicht, dass Tiere für sie getötet werden.

Die amerikanische Zeitschrift »Scientific American« hat eine Statistik aufgestellt »Lives-per-Calories«, um herauszufinden, wie viel getötete Lebewesen hinter bestimmten Kaloriewerten von diversen tierischen Lebensmitteln stecken. Das traurig stimmende Ergebnis: Masthühner. Das Fleisch eines Huhnes bringt gerade einmal 1000 Kalorien – das ist verschwindend wenig, wenn man die Bilanz eines Rinds (405.000) Kalorien) oder eines Schweines (84.000 Kalorien) betrachtet.

Bei Eiern kommt verschärfend hinzu, dass männliche Küken kurz nach dem Schlüpfen vergast oder geschreddert werden, da sie für die Eierproduktion keinen Wert haben. In Deutschland kostet dieses Vorgehen – ich sage es an dieser Stelle noch einmal – jedes Jahr 40 Millionen Küken das Leben!!!

Demnach sterben für Eier mehr Tiere als für Fleisch![31]

***

Wie backe ich Kuchen ohne Ei – und dann noch vegan?

Es ist sehr einfach und außerdem sehr köstlich. Wenn ich Gäste habe und Kuchen oder Plätzchen ohne Ei anbiete, werden diese zuerst verspeist. Bei einer Geburtstagsparty für Kinder waren die »Muffins« ohne Ei der Hit. Alle wurden aufgegessen, und die Mütter der Kinder haben nach dem Rezept gefragt. Sie wussten nicht, dass ich die Muffins ohne Ei gebacken hatte.

Hier die Ersatzmöglichkeiten: [32]

– anstelle Kuhmilch	Hafer-, Soja-, Reis-, oder Mandelmilch
– anstelle Sahne	Sojatrockenmilch mit Wasser verrühren

– anstelle Sahne	Sahneersatz aus Hafer oder Mandeln (siehe S. 135)
– anstelle Joghurt	Sojamilch mit ein wenig Zitronen- oder Limettensaft
– anstelle Butter	biologische Pflanzenmargarine
– anstelle Quark	Tofu mit ein wenig Sojamilch püriert
– statt Käse	Tofu
– statt geriebenem Käse	geriebene Nüsse
– statt Ei	Ei-Ersatz aus dem Reformhaus

***

Gibt es in der veganen Ernährung etwas für Magenkranke?

Es gibt sehr viele Früchte und Gemüse für Magenkranke. Sehr oft liegt ein Vitamin B1- Mangel vor.

Dies kann ausgeglichen werden. Kartoffeln, Kartoffel- oder Hirsebrei, Karottensaft sowie auch gedünstete Karotten oder geraspelte rohe Karotten mit etwas Öl helfen mit ihren darmschonenden Ballaststoffen bei der Neigung zu Magen-Darm-Schleimhautentzündungen.

Ungekochter Kohl (rohes Sauerkraut) und ungekochter Weißkohlsaft haben ebenso bei Magen- und Darmgeschwüren sowie bei Schleimhautentzündungen heilende

Wirkungen. Nützlich sind noch Hefeflocken, Mandelmus oder ein anderes Mus aus Nüssen.

Da Magenbeschwerden oftmals ein Zeichen von Enzymmangel oder schlechter Eiweißverdauung ist, folgender Tipp:

Am besten geeignet ist die Ananas. Die Ananas enthält ein Enzym, das die Fähigkeit besitzt, Nahrungseiweiß in Aminosäuren aufzuspalten. Dadurch wird die Eiweißverdauung unterstützt. Bitte die Ananas nicht erhitzen, da die Enzyme sonst ihre Wirkung verlieren.

Der Apfel ist das Obst, das nicht umsonst durch den Satz hervorgehoben wird: »*An apple a day, keep the doctor away*« (alte Volksweisheit).

Eine Apfeldiät hilft bei schweren Magen- und Darmerkrankungen und vor allem bei Durchfällen. Sie kann sogar bei Ruhr und Paratyphus helfen. Die Gerbstoffe im Apfel wirken entzündungshemmend. Am besten wirkt der Apfel, wenn er feingerieben gegessen wird.

Aufgrund des hohen Vitamin A-Gehaltes helfen auch Aprikosen. Diese sollten entweder frisch oder als eingeweichte Trockenfrüchte gegessen werden.

Die Papaya wirkt desinfizierend bei Magenbeschwerden.

Achten Sie darauf, dass die Früchte allein gegessen werden, am besten auf leeren Magen. Die Früchte bleiben sonst zu lange im Magen liegen, fangen an zu gären, und die heilende Wirkung geht verloren. Bitte die Früchte nicht erhitzen!

***

Womit kann ich bei veganer Ernährung gesund süßen,
besonders bei Neigung zu Diabetes Typ II?

Nach dem gegenwärtigen Stand hat sich der Kokosblütenzucker am besten bewährt. Weitere Süßungsmittel sind
Ahornsirup, Agavensirup, Birnendicksaft, Birkenholzu-
cker und Stevia. Sicher werden noch mehr zuckerhaltige
Pflanzen entdeckt, die als Zucker verwendet werden können. Fragen Sie im Bioladen oder im Reformhaus nach.

Kokosblütenzucker besitzt zahlreiche Vitamine und Mineralien, zum Beispiel Magnesium, Eisen, Zink und natürliche Antioxidantien. Aufgrund der besonderen Enzyme
sorgt der Kokosblütenzucker für einen niedrigen glykä-
mischen Index. Dieser Zucker ist gut geeignet für Diabetes mellitus Typ II.

Die vegane Ernährung ist sowieso optimal bei Diabetes,
um den Blutzucker niedrig zu halten.

***

Ich möchte gerne abnehmen. Hilft mir die vegane
Ernährung?

Die vegane Ernährung ist optimal zum Abnehmen geeignet, besonders durch die viele Rohkost.

Achten Sie auf Vollwertgetreide, und lassen Sie denatu-
riertes Brot einfach weg. Wenn Sie gerne Brot essen, dann
nur morgens. Für zwischendurch und gegen die Nasch-
sucht halten Sie genug Karotten, Kohlrabi, Paprika oder
Trockenobst im Haus vorrätig. Diese Gemüsesorten sind
ideal für »Sticks«, die sie zwischendurch immer mal knabbern können. Mit Nüssen – am besten mit Mandeln oder

gerösteten Sojabohnen –, können Sie gut Ihren kleinen Hunger stillen. Optimal ist auch eine Avocado als Zwischenmahlzeit geeignet.

Es gibt heute schon sehr viel gut Schmeckendes aus Tofu, Seitan oder Lupinen, die als kleine fertige Gerichte angeboten werden. Schmackhaft sind zum Beispiel Bratwürste aus Seitan oder ähnliches. Probieren Sie auch den veganen Käse!

Täglich sollten Erwachsene mindestens acht Gläser frisches Wasser trinken, damit die Energie fließen kann. Sie können auch leichte Kräutertees oder Grünen Tee trinken, bitte nicht aus China (Pestizide!).

∗∗∗

Ich bin seit Jahrzehnten Vegetarierin,
warum jetzt vegan?

Ein Veganer/In ist im Grunde ein strenger Vegetarier. Veganer gehen aber noch einen Schritt weiter in ethischer Richtung: Ihnen geht es um Gewaltlosigkeit und Liebe – und zwar nicht nur Menschen gegenüber, sondern gegenüber allen Lebewesen.

Es geht um das Prinzip, niemanden, weder Mensch noch Tier, zu verletzen, systematisch auszubeuten oder gar zu töten! **Die Veganer stehen für eine gewaltfreie Gegenwart und Zukunft. Und das Gute daran ist, sie sind nicht politisch ausgerichtet. Sie gehen einfach mit gutem Beispiel in Sachen Ethik voran!**

Kühe werden heute ausgenutzt und ausgebeutet, damit mehr Milch produziert wird. Eine Kuh kann ja nur Milch liefern, wenn sie ein Kalb geboren hat, und so wird die Kuh gezwungen, unentwegt zu kalben. Das Kalb wird dann sofort getötet für die Fleischindustrie. Veganer/Innen essen wegen dieser Bedingungen auch keinen tierischen Käse. Es gibt ja veganen Käse im Bioladen oder Reformhaus!

Das sind jedoch nicht die einzigen Gründe, es geht um den Umweltschutz schlechthin (siehe Kapitel: »Die allgemeinen Motive, vegan zu leben«, S. 21).

***

Wieso soll Sex mit Veganer/Innen besser sein?

Auch hier geht es um die innere Einstellung. Es geht um Liebe und darum, diese bewusst zu leben – jetzt und in der Zukunft!

Bewusste Liebe gibt es auf allen Ebenen. Sie äußert sich natürlich auch in der Partnerschaft und beim Intimleben.

Liebe ist Gott, ob jemand daran glaubt oder nicht. Was wir Gott nennen, ist der Schöpfer aller Dinge. Und so ist Liebe auch überall. Liebe will gelernt und gelebt werden. Liebe ist Licht! Und deshalb ist der Ansatz zur Gewaltlosigkeit der erste Schritt. Da wo Gewaltlosigkeit, Licht und Liebe herrschen, gibt es Harmonie und bestimmt nicht den Wunsch, Kriege zu führen oder gewalttätig zu werden[33] (siehe auch Kapitel: »Vegan und Sex«, S. 86).

Es ist ein großartiger Schritt in der Menschheit, dass so viele Menschen Vegetarier und Veganer werden. Aus einem Grund: Sie wollen die Liebe leben und die Gewalt nicht mehr unterstützen! Ist dies nicht eine wunderbare Vision, die gelebt werden kann?!

***

Ich habe mich entschlossen, vegan zu leben.
Wie bekomme ich nun am meisten Vitamin C?

Zitronen, Limetten und andere Zitrusfrüchte sind beste Vitamin C-Lieferanten.

Verwenden Sie reine Bioware. Falls keine vorhanden ist, dann waschen Sie die Zitrusfrüchte vorher unter heißem Wasser ab.

Die Zitrone und Limette bergen ein Geheimnis: Die Schalen der Zitrone, Limette und auch anderer Zitrusfrüchte haben 5- bis 10 Mal mehr Vitamin C als der Saft der jeweiligen Frucht.

- **Legen Sie die abgewaschene Zitrusfrucht ins Eisfach. So können Sie alles von der Frucht verwenden. Schneiden Sie die Zitrusfrucht in kleine Stücke, oder reiben Sie die Schale über das Essen.**

Nebenbei: Es heißt, die Inhaltsstoffe der Schalen von Zitronen und Limetten sowie die der jeweiligen gesamten Frucht können Krebszellen abtöten. Die Wirkung sei um zehntausend Mal stärker als bei Chemotherapie.

Die gesamte Zitrone oder Limette (incl. Schale!) beeinflussen auch Zysten und Tumore. Aus der Naturmedizin wissen wir, dass sie antibakteriell bei Infektionen und Pilzerkrankungen wirken. Zitrusfrüchte wirken antidepressiv, bekämpfen Stress und gleichen überschüssige Harnsäure aus.

Außerdem liefern der altbewährte Grünkohl, Brokkoli und Rosenkohl sehr viel Vitamin C.

Auch Spinat, Blumenkohl und Gartenkresse sind gute Vitamin C-Lieferanten. Sehr viel Vitamin C besitzt auch das Sauerkraut. Übrigens ist es das einzige Kraut, das beim Kochen das Vitamin C beibehält (es liegt in größeren Molekülen gebunden vor).

***

Meine Eltern warnen mich vor Rohkost und rein pflanzlicher Ernährung. Können Sie mir die Vorteile dieser Ernährung nennen?

1992 erschien das Buch: »Willst du gesund sein? Vergiß den Kochtopf!«[34] Es ist inzwischen fast jedem klar, dass Lebensmittel naturbelassen sein sollten!!

Professor Popp konnte den Zweiflern und Kritikern mit seiner von ihm entwickelten Lichtanalyse beweisen, wie notwendig das Licht in der Nahrung ist und dass es in der Zelle am meisten gespeichert wird. (In meinen Büchern[3,37] habe ich darüber geschrieben.) Kein Lebewesen kann ohne Licht existieren. Das heißt: Die wertvollste Nahrung besteht aus frischer, naturbelassener Rohkost, aus »Lichtnahrung«. Der Wert von Frischkost ist unschlagbar. Die Enzyme roher Lebensmittel unterstützen die Verdauungsenzyme des Magens. Im Darm wirken sie auf die Darmflora, so dass keine Fäulnisbakterien entstehen.

Grünes Gemüse hat tatsächlich einen therapeutischen Wert. Wenn Sie nur Getreide essen, gibt es Verschleimung. Nochmals wiederholt: Bitte nur Gemüse aus biologischem Anbau verwenden! Und wechseln Sie ab: einen Tag Obst, am anderen Tag Gemüse und am dritten Tag Keimlinge.

Der russische Forscher Koutschakow soll im Jahr 1880 festgestellt haben, dass nach dem Verzehr von pflanzlicher Rohkost die Leukozytenzahl im Blut nicht ansteigt. Dagegen ist dies der Fall bei Fleischessern aufgrund der vielen Bakterien im Fleisch. Diese Zusammenhänge sind seit Virchow (deutscher Arzt und Zellularpathologe, 1821–1902) bekannt.

Auch kommt durch die Rückkehr zur naturbelassenen Nahrung der Instinkt zurück, der uns anleitet, was gut für unseren Körper ist oder nicht. Und die Gefahr, sich zu überessen, entsteht bei Rohkost nicht, da schneller ein Sättigungsgefühl vorhanden ist.

Durch weichgekochte Nahrung leiden unsere Zähne. Außerdem wird zu wenig Ptyalin gebildet. Ptyalin ist ein wichtiges Verdauungsenzym, das nur im Mund durch das Kauen entsteht.

Also es steht Ihrem Wunsch, vegan zu leben und Rohkost zu essen, nichts im Wege.

***

Gibt es auch vegane Kosmetik?

Ja. Achten Sie beim Kauf auf die Inhaltsstoffe. Es gibt vor allem im Reformhaus oder Bioladen viele Angebote. Ich selbst nehme morgens und abends für das Gesicht als Grundlage Aloe Vera Gelee und massiere sofort danach drei Tropfen Jojobaöl sanft in die Gesichtshaut ein.

***

Was hat vegane Lebensweise mit Spiritualität und achtsamem Leben zu tun?

Sehr viel. Achtsames Leben und Spiritualität gehen Hand in Hand. In jeder Religion der Welt heißt es: »Du sollst nicht töten«, und in der Bibel steht: »Liebe deinen Nächsten wie dich selbst.«

Ich erinnere mich an einen Transatlantikflug. Neben mir saß ein sehr netter junger Mann, mit dem ich mich angeregt unterhielt. Als das Essen serviert wurde, erkundigte sich die Stewardess, ob ich »special meal« geordert habe. Ich bejahte. Der junge Mann fragte mich, was dies bedeutet. Ich antwortete ihm: »Ich liebe Tiere«, und er sagte darauf: »Ich auch«. »Wirklich?«, fragte ich, denn auf seinem Teller lag ein Stück Fleisch. Er verstand die Botschaft und aß daraufhin nur die Beilagen.

Spiritualität beginnt mit dem Leben nach ethischen Prinzipen. Das bedeutet: Liebe, Achtsamkeit und Mitgefühl für die anderen Lebewesen, egal ob Mensch oder Tier, zu empfinden. Wir alle kommen aus der gleichen Ursprungsquelle. Es ist etwas Besonderes, als Mensch geboren zu sein. Denn wir können unser Gehirn benutzen und haben die Entscheidungsfreiheit, wie wir unser Leben führen. In den meist indischen Schriften heißt es, dass es 8,4 Millionen Wesensarten gibt. Eine Wesensart ist der Mensch, und davon gibt es 7 Milliarden. Wir sind hier auf der Erde, um die bedingungslose Liebe zu erfahren, die wir austeilen und leben. Unser Ziel ist es, zurück zu unserem Ursprung – zu Gott – zu gelangen. Und die erste Voraussetzung dafür ist, ein ethisches Leben zu führen.

***

Kann ich als Fleischesser erleuchtet werden?

Mir ist kein Fall bekannt. Wenn dies jemand behauptet, sind meist wirtschaftliche Interessen damit verknüpft.

***

Was bedeutet die Aufnahme tierischer Produkte in der feinstofflichen Welt?

Wie bereits im vorderen Teil des Buches beschrieben, sind wir Menschen – als Krone der Schöpfung – eigentlich keine Fleischesser. Unser Körper ist nicht dafür gebaut (siehe Tabelle S. 40). Um wieder unsere vollen Möglichkeiten zu erreichen, die wir von Beginn der Menschheitsgeschichte besitzen, ist es dringend notwendig, dass der Körper absolut rein ist.

Unser Körper kann tierisches Eiweiß nicht wirklich verdauen. Es lagert sich ab, vor allem im Bindegewebe, in den Gelenken, in der Lymphe, im Immunsystem. Viele Beschwerden oder Krankheiten würden gar nicht erst entstehen. So wie die Allergien, denn die meisten Allergien werden durch fremdes Eiweiß hervorgerufen, vor allem durch die Aufnahme von Tiereiweiß.

Ein weiterer wichtiger Punkt ist, dass wir die Gefühle, Gedanken und Ängste mitessen, die das Tier vor dem Töten erlebt. Wir essen auch die Hormone, Schwermetalle, Anabolika, Antibiotika und Pestizide mit, die im Fleisch und Fisch vorhanden sind und sie verseucht haben.

***

Werden auch Veganer krank?

Es gibt das Gesetz von Ursache und Wirkung. Alles, was wir denken, sprechen, essen oder tun, hat Rückwirkung auf uns. Denn: »Was wir säen, das werden wir ernten.«

Das bedeutet: Was wir in früheren Leben getan haben, wirkt sich auf unser jetziges Leben aus – ob wir daran glauben oder nicht. Außerdem gibt es Höhen und Tiefen in unserem Leben, und nicht immer leben oder lebten wir bereits ethisch oder achtsam. Auch dies hat eine Auswirkung. Das Wort für das Gesetz von Ursache und Wirkung ist Karma. Wir sind hier auf dieser Welt, um für unsere Taten geradezustehen und die »Untaten« abzutragen und auszugleichen. Man könnte auch sagen, es ist Bestimmung. Natürlich haben wir auch Selbstverantwortung. Wenn wir im Durchzug sitzen und dies nicht ändern, können wir möglicherweise eine Erkältung bekommen.

***

Kann ich auch als Veganer lecker essen?

Und ob! Ich erinnere mich an einen Geburtstag meines Sohnes. Er hatte zur Feier Klassenkameraden eingeladen. Es gab Muffins ohne Ei. Sie wurden sofort gegessen. Später fragten mich die Mütter nach dem Rezept der leckeren Muffins. Auch die anderen guten Sachen auf dem Grill – alles vegan – wurden begeistert gegessen.

Es gibt inzwischen sehr gute Kochbücher mit Anleitungen, um leckere vegane Gerichte zu zaubern.

***

Was passiert, wenn ich doch mal Fleisch, Fisch oder Ei esse?

Als mir dies das erste Mal passierte, weil ich aus der Erinnerung an die Kindheit Verlangen danach hatte, war mir für drei Wochen ziemlich mulmig. Ich erinnere mich bei jedem »Thanksgiving« daran. Damals dachte ich nur, dass es etwas sehr Besonderes sei, ein Stück von der Truthahnbrust zu ergattern – wie es nach dem Krieg eben so war.

Die Entscheidung, Fisch, Fleisch oder Ei zu essen, hängt doch davon ab, was ich wirklich erreichen will. Will ich wirklich ethisch und achtsam leben, und liebe ich wirklich die Tiere?

Wenn jemand noch nicht so weit denkt und doch noch ab und zu tierisches Eiweiß bzw. Leichenteile essen will, ist das die persönliche eigene Entscheidung. Ich würde deshalb nie Kritik üben! Es ist nämlich schlimmer, einen Menschen zu kritisieren, weil er noch Fleisch oder Fisch ist, als Fleisch zu essen.

***

Was mache ich, wenn ich bei Freunden eingeladen bin, die keine Veganer sind?

Erstens würde ich vorher darauf hinweisen. Gute Freunde werden das berücksichtigen. Und es ist schon öfters vorgekommen, dass das vegetarische oder vegane Essen zuerst weg war. Es hatte allen Gästen sehr gut geschmeckt.

Zweitens suche ich mir etwas vom Essensangebot aus, das nichts vom Tier enthält. Sehr oft aß ich einfach die Nachspeisen oder Früchte.

Dies alles ist kein Problem, denn verhungert ist noch niemand auf einer Einladung, Brot gab es immer.

***

Darf ich als Veganer keinen Alkohol mehr trinken?

Die Entscheidung darüber liegt bei jedem Einzelnen selbst. Für mich habe ich entschieden, keinen Alkohol mehr zu trinken. Ich will, dass mein Gehirn funktioniert – und zwar auf allen Ebenen.

***

Wie gehe ich mit Menschen um, die vegan blöd finden?

Es ist für viele Menschen schwer, sich umzustellen oder gar etwas Neues anzunehmen. Fest steht, wir haben es einfacher im Leben, wenn wir das Neue akzeptieren. Außerdem macht es doch Spaß, oder?

Einst glaubten die Menschen, die Erde sei eine Scheibe. Es gab sogar ein Schild: »Hier und nicht weiter.« Mit der Entdeckung der »Neuen Welt« durch Christopher Columbus war es klar, dass die Erde rund ist.

Also nur Mut, denn Neues zu entdecken, bedeutet auch persönliche Entwicklung.

***

Was ist mit einem nicht-veganen Lebenspartner?

Liebe ist das oberste Gebot hier auf der Erde. So sollte es nicht allzu schwerfallen, die Entscheidung des Partners zu akzeptieren. Als bereits praktizierende Veganer gelten wir als Vorbild.er Und ein Vorbild zu sein, bedeutet auch Liebe, Verständnis und Mitgefühl zu zeigen.

***

Was verändert meine persönliche Ernährungsweise schon beim Rest der Welt?

Liebe ist ansteckend. Da diese Ernährungsweise Mitgefühl, Verständnis und Liebe in Aktion ist, wird es andere anstecken – Stück für Stück. Erinnern wir uns noch einmal an den Spruch von Leo Tolstoi: »Solange es Schlachthöfe gibt, wird es Schlachtfelder geben!«

Mit anderen Worten: Wenn ich Liebe zeige und weitergebe, wird sie sich vermehren, vielleicht im Gegensatz zu einer Tasse Mehl, die ich der Nachbarin gebe.

***

Zum Abschluss dieses Kapitels möchte ich Ihnen zusammenfassend noch einige Argumente geben, falls Ihnen »dumme« Fragen gestellt werden.

Argumente bei Bemerkungen oder Fragen von Gegnern der veganen Ernährung

– Ich will im Alter gesund und nicht auf die Pflege von meinen Angehörigen angewiesen sein.

– Ich liebe die Tiere sehr. Durch mich soll nicht noch mehr Schaden angerichtet werden.

– Es gibt inzwischen viele Tausende Menschen,
  die damit gesünder und fröhlicher leben –
  und zu denen möchte ich auch gehören.

– Außerdem bekomme ich während eines Fluges
  ein besseres Essen und meistens sogar vor den
  anderen. Das liebe ich sehr.

– Ich kann zur Verbesserung der Welt beitragen.
  Der Satz von Leo Tolstoi geht mir nicht mehr
  aus dem Kopf: »*Solange es Schlachthöfe gibt,
  wird es Schlachtfelder geben.*«

– *Aber Fleisch schmeckt doch besser!?*
  Ich fand heraus, dass es letztlich nur die Gewürze
  sind.

– *Vegan zu leben bedeutet doch eine Menge Stress,
  oder?*
  Nein, und wenn einmal etwas Milch dabei ist,
  sterbe ich bestimmt nicht. Das Zubereiten geht
  viel einfacher. Eigentlich ist es ein sehr einfaches
  Essen, fast modernes und gesundes Fast Food.
  Zum Kochen brauche ich nur noch eine
  Wok-Pfanne, gutes Pflanzenöl und Gemüse
  und/oder Obst.

Teil 4

Gesundheitstipps für Vegan-Einsteiger

Alles über die wertvollen Keimlinge

Keimlinge unterscheiden sich von anderen Eiweißlieferanten. Ihr Protein ist bereits durch Enzyme in Aminosäuren aufgespalten, gewissermaßen schon vorverdaut und kann so vom Körper leicht verwertet werden. Bereits nach 8 bis 12 Stunden Einweichzeit entfalten viele Enzyme, die als Katalysatoren für den Stoffwechsel unentbehrlich sind, ihre Wirksamkeit. Während des Keimens werden mithilfe der Enzyme essenzielle Aminosäuren aus nicht essenziellen synthetisiert.

Auch der Vitamingehalt steigt während des Keimens beachtlich an. Beim Weizen erhöht sich der Vitamin B2-Gehalt um 300 Prozent, der Vitamin B6-Gehalt um 200 Prozent, der Vitamin B1-Gehalt nach einer Keimdauer von sechs Stunden um 50 Prozent, der Beta-Karotin-Gehalt um bis zu 225 Prozent und der Vitamin C-Gehalt um 600 Prozent. Das Besondere von Weizenkeimlingen ist, dass ihr Eisengehalt beim Keimen ansteigt.

Und beim Keimen von Kern-, Korn- und Nusskeimlingen wird mehr Vitamin E gebildet.

Gekeimte Getreidekörner können nach zwei bis drei Tagen gegessen werden. Durch das Keimen – mindestens zwei Tage – verlieren sie ihre verschleimende und säurebildende Wirkung.

Hülsenfrüchte verlieren die blähenden Kohlenhydrate (Stayose und Raffinose) um 80 Prozent. Und das Gute: Es wird keine Harnsäure bei der Verdauung von gekeimten Hülsenfrüchten gebildet.

Keimlinge sind, neben den Aprikosenkernen, die Haupt-
ernährung der Hunzukuc. Die Hunzukuc, ein in Pakistan
angesiedelter Volksstamm, sind berühmt für ihre Gesundheit bis ins hohe Alter. Sie ernähren sich außer von den
Keimlingen, Aprikosen und Aprikosenkernen noch von
Gemüse, Trockenobst, Getreide und Hülsenfrüchten.

Besonders gut zum Keimen eignen sich:

- Erbsen und Bohnen, Mungo- und Azukibohne,
  Linsen, Kichererbsen
- Alfalfa (Luzerne), Bockshornklee und Rettich-
  sprossen
- Sesam und Leinsamen (bitte nur 24 Stunden
  keimen lassen, da sie sonst bitter schmecken)
- geschälte Sonnenblumenkerne, Kürbiskerne,
  Nüsse. Besonders die Mandeln sollten
  spätestens nach zwei Tagen gegessen werden,
  damit sie nicht faulen.

Kaufen Sie nur Samen oder Kerne im Bioladen, in einer
Bioabteilung im Supermarkt oder im Reformhaus. Die
Gläser zum Keimen sollten absolut sauber sein, am besten
vorher auskochen.

Die wichtigsten Getreidesorten

Amaranth

- gehört zu den Fuchsschwanzgewächsen und zu den ältesten Nutzpflanzen. Die Inkas und Azteken nannten es das »Heilige Korn«. Es ist sehr reich an Eisen und pflanzlichem Eiweiß.
- Wichtig: Vor der Zubereitung unter laufendem heißem Wasser spülen, damit sich die wächserne Schutzschicht löst und der Geschmack gut zur Geltung kommt.

***

Buchweizen

- gehört zu den Knöterichgewächsen. Er wächst in Höhenlagen, enthält den wichtigen Eiweißbaustein Lysin und besonders viel Kalium (drei Mal mehr als Weizen).

***

Dinkel

- ist eine uralte Getreidesorte und als Vorläufer des Weizens bekannt. Er besitzt einen hohen Anteil an Magnesium und Kieselsäure, die gut für Bindegewebe, Haut, Nägel und Haare ist.
  Er enthält vor allem Phosphor und B-Vitamine und eignet sich sehr gut zum Backen.

- Dinkel lässt sich nicht kreuzen und ist deshalb ungeeignet für die Genmanipulation. Die Pflanze spricht auch nicht auf intensive Düngung an. Von allen Getreidearten wirkt Dinkel besonders stimmungsaufhellend. Als Vollkorn enthält er ein spezifisches Aminosäurengemisch, das die Bildung von glücklich machenden Gehirnbotenstoffen fördert.[35]

***

Gerste

- gehört zur Familie der Süßgräser und kommt aus dem vorderen Orient. Sie ist leicht verdaulich und sehr gut für Diabetiker geeignet, da sie Phytinsäure enthält, die den Blutzuckerspiegel reguliert. Außerdem besitzt sie Kieselsäure und hemmt die Bildung von Cholesterin.
- In der Gerste sind circa 10 Prozent Eiweiß und 57 Prozent Stärke, wenig Fett, die Spurenelemente Calcium, Eisen, Kalium, Magnesium und Phosphor sowie Zink enthalten.

***

Hafer

- gehört zur Familie der Süßgräser. Hafer gibt am meisten Energie. Nicht umsonst wird nach einer Bauernregel einem alten Gaul vor dem Verkauf Hafer gegeben, damit er gut aussieht und nicht

lahmt. Diese Wirkung macht sich auch beim
Menschen bemerkbar. Hafer liefert mehr Eiweiß
als andere Getreidesorten, besonders viel Kalium,
die Vitamine B1 und Vitamin B6. Er enthält sehr
viele ungesättigte Fettsäuren und Mineralstoffe
sowie Spurenelemente wie Eisen, Calcium,
Mangan, Phosphor und Zink.

- Wenn Sie den Hafer zum Keimen verwenden,
  bitte nur Nackthafer!

***

Hirse

- gehört zur Familie der Süßgräser. Hirse ist reich
  an Vitaminen und Mineralstoffen wie Calcium,
  enthält besonders viel Eisen, Fluor (für die
  Knochen und Zähne), Kieselsäure, Magnesium
  und Zink. Die Kieselsäure ist wichtig für die
  Elastizität des Gewebes, für die Haut, Nägel und
  Haare.
- Wer nur Hirse zu sich nimmt, bekommt zu wenig
  Eiweiß! Dies heißt, dass Menschen, die unter
  Gallensteinen leiden, öfters Hirse essen sollen,
  denn Hirse ist basenbildend.
- Bitte Hirse vorab unter heißem Wasser abspülen,
  um die Phytinschicht zu lösen.

***

Mais

- auch Kukuruz genannt, gehört zur Familie der Süßgräser. Er kommt ursprünglich aus Südamerika. Mais ist beliebt bei Allergikern, da er gluten- und gliadinfrei ist. Die Maispflanze kann effizienter als andere Pflanzen Kohlendioxid in Kohlehydrate umwandeln.
- Mais enthält wenig Eiweiß, ist aber reich an Vitamin E. Der Fettanteil in den Keimlingen ist besonders hoch.
- Achtung, mit Mais legen Sie an Gewicht zu!

***

Reis

- Reis gehört zur Familie der Süßgräser. Reis aus biologischem Anbau kommt aus Europa, meist aus Frankreich und Italien. Der behandelte Reis stammt meist aus Asien.
- Reis ist natriumarm und wirkt deshalb entwässernd. Er ist reich an Kalium, Calcium, Eisen und Zink. Im Bio-Reis sind B-Vitamine enthalten.
- Das Eiweiß verteilt sich im ganzen Korn und im Gegensatz zu anderen Getreidearten nicht nur in den Randschichten.

***

Roggen

- gehört zur Familie der Süßgräser. Roggen wird meist zum Brotbacken verwendet. Er besitzt weniger Eiweiß, Eisen und weniger Vitamin B als andere Getreidesorten.

***

Weizen

- gehört zur Familie der Süßgräser. In der westlichen, zivilisierten Welt wird Weizen am meisten verwendet. Hier ist es jedoch besonders wichtig, Vollkornweizen zu verwenden, da sich die essenziellen Vitamine, Mineralstoffe, Eiweiß und Fett in den Randschichten oder im Keimling befinden. Dann liefert Weizen 11 bis 13 Prozent Eiweiß.
- Sehr reich an Vitamin E ist das Weizenkeimöl.

***

Emmer

- oder auch Zweikorn genannt, gehört zur Familie der Süßgräser und ist eine der ältesten Weizenarten. Er wird gern zum Backen mit Vollkorn und speziell zum Brauen für einige gute Biersorten verwendet.

Die besten Früchte

Früchte sind wohlschmeckend und dabei noch wertvolle Lieferanten von Mineralstoffen, Vitaminen und Kohlehydraten. Sie enthalten wenig Fett und Proteine. Früchte halten den Organismus in einem basischen (alkalischen) Zustand aufgrund des mineralstoffreichen Wassergehalts.

Wer sich nur von Früchten ernährt, verletzt keine Pflanze und bleibt damit karmafrei.

Die basischen Elemente, die mit der Fruchtsäure verbunden sind, wirken als natürliche Abführmittel, da sie die sekretorische Tätigkeit der Bauchspeicheldrüse, der Leber und der anderen endokrinen Drüsen fördern.

***

Äpfel

- Unter allen Obstsorten ist der Apfel besonders hervorzuheben. Er ist die beste Frucht für uns. Nicht von ungefähr gibt es den Spruch: »An apple a day, keep the doctor away.«
- Der Apfel besitzt, je nach Sorte, verschiedene Inhaltsstoffe wie die Vitamine C, A, die B-Vitamine und Vitamin E, Calcium, Chlor, Eisen, Kupfer, Magnesium und viel Kalium, Natrium, Phosphor sowie Pektin und Gerbsäure. Außerdem duftet er angenehm. Er fördert die natürliche Heilung bei vielen Beschwerden wie

bei Wassersucht, bei hohem Cholesterinspiegel,
bei Nierenentzündungen, bei Gefäß- und Herz-
erkrankungen.

- Das beste Hausrezept bei Durchfall, ob Ruhr oder
  Paratyphus, lautet: *Den Apfel fein reiben und das
  Mus löffelweise essen.*

- Und ein hervorragendes Hausmittel bei Blutarmut
  ist: *Einen echten Eisennagel in den Apfel stecken,
  über Nacht einwirken lassen und am nächsten
  Tag den Apfel – ohne Nagel – essen. Der Gerbstoff
  des Apfels wirkt zudem entzündungshemmend
  und zusammenziehend.*

- Sehr empfehlenswert ist ein Apfelsaft bei Nerven-
  beschwerden, denn er beruhigt und heilt.

- Wer einen trägen Stuhlgang hat, sollte wirklich
  täglich Äpfel essen.

***

Birnen

- Die ungekochte Birne enthält, genau wie der
  Apfel, viele Mineralien, vor allem auch das Pektin
  und zahlreiche Enzyme, Spurenelemente und
  Aromastoffe.

- Die Birne wirkt entwässernd aufgrund des hohen
  Kaliumanteils und niedrigen Natriumgehalts.
  Sie hilft den Nieren zu entschlacken und ist somit
  eine gute Unterstützung bei Herz- und Kreislauf-
  Beschwerden. Das Pektin bindet die Darmgifte,
  um diese besser zur Ausscheidung zu bringen.

Die Gerbsäure wirkt entzündungshemmend für die Schleimhäute.

***

Aprikose

- Sie ist bekannt für ihren hohen Anteil an Vitamin A sowie an den Vitaminen C und B1, B2 und B3.
- Die Aprikose mit dem Vitamin A ist wertvoll für die Haut und die Schleimhäute, hilft gegen Nachtblindheit, bei Wachstumsstörungen und Leberfunktionsstörungen.
- Am besten sind frische Früchte. Gut sind auch Trockenfrüchte, die am besten über Nacht eingeweicht werden. Bitte nie kochen! Sehr gut ist auch das Aprikosenkernöl. Einen Esslöffel davon ins Badewasser geben - und die Haut dankt es Ihnen. Natürlich ist das Aprikosenkernöl auch ideal für Quarkspeisen oder Salate.

***

Ananas

- hat einen sehr hohen Anteil von Bromelain. Dieses Enzym spaltet das Nahrungseiweiß in Aminosäuren auf und leitet damit die Verdauung ein.
- Besonders den Menschen mit empfindlichem oder krankem Magen wird dadurch die Protein-verwertung erleichtert.

- Dies wirkt jedoch nur, wenn die Ananas frisch verzehrt wird. Also Ananas nicht aus der Dose oder gekocht verwenden!

***

Banane

- Die reife Banane - aus biologischem Anbau – besitzt viele Nährstoffe.
- Wenn die Banane wirklich reif ist, liefert sie uns Frucht- und Traubenzucker, weil sich die Stärke in Zucker umgewandelt hat.
- Aufgrund des hohen Kaliumanteils hilft die reife Banane gegen Durchfall und Darmentzündungen.
- Bananen helfen bei Übersäuerung des Organismus (Kalium, Magnesium), und das Vitamin C der reifen Frucht ist gut für das Immunsystem.

***

Kirschen

- Sie wirken positiv auf die Funktionen von Bauchspeicheldrüse, Magen, Darm und Leber. Jedoch Vorsicht bei Gallensteinen!
- Je dunkler die Kirschen, desto wertvoller sind die Inhaltsstoffe: Mineralien, Vitamine und Spurenelemente wie Eisen, Calcium, Kalium, Magnesium, Phosphor und besonders viel Kieselsäure. Die Sauerkirschen geben uns zusätzlich das wertvolle Vitamin B12. An Vitaminen sind das

Carotin, die Vorstufe des Vitamin A, die
Vitamine B1, B2, B3 und Vitamin C enthalten.
Es ist eine Frucht für Kinder, denn sie brauchen
die Vitamine für den Aufbau von Zähnen und
Knochen sowie für das Nervensystem.

- Rohe Kirschen senken den Harnsäurespiegel.
Sie besitzen einen antioxidativen Schutzstoff
(Xanthophyl), und die schwarzen Kirschen
enthalten zudem ein besonderes Enzym gegen
Kariesbildung. Bekannt ist auch die Kirschenkur
(1500 g Kirschen täglich) zum Entschlacken
und Abnehmen.

***

Pflaumen

- Pflaumen und Zwetschgen haben einen ähnlichen
Mineralgehalt wie die Birne: reich an Kalium und
gering an Natrium. Sie besitzen einen hohen
Anteil an Phosphor und können die Leber, die
Nieren, das Herz und den Kreislauf unterstützen.
- Frische und getrocknete Pflaumen oder Zwetschgen
eignen sich gut gegen Stuhlträgheit. Hierbei ist es
egal, ob diese getrocknet oder frisch verzehrt
werden. Die getrockneten Früchte für fünf bis
zehn Stunden einweichen! Das enthaltene Pektin
hat eine sehr gute Quellfähigkeit, der Stuhl wird
weicher und kann somit leichter passieren.

***

Papaya

- ist eine tropische Frucht, die inzwischen ihren Einzug bei uns gehalten hat. Diese Frucht ist aufgrund ihres Enzyms Papain so beliebt.
- Sie hilft, Proteine in Aminosäuren aufzuspalten, ist antioxidativ, besitzt hohe Anteile an Vitamin A, Vitamin C, Vitamin E und Beta-Carotin sowie sehr viel Magnesium und Kalium, außerdem etliche B-Vitamine nebst Folsäure und Pantothensäure (B5). Die Papaya sorgt wirklich für eine gute Verdauung, nicht nur wegen der Enzyme, sondern auch wegen der Ballaststoffe. Sie unterstützt die Heilung von Entzündungen und ist oft die einzige Frucht, die bei schweren Darmbeschwerden hilft, zum Beispiel bei Typhus.
- Immer mehr Wissenschaftler erkennen den Wert der Papaya, um gegen Krebs vorzubeugen.

***

Melonen

- Melonen gehören zur Familie der Kürbisgewächse und sind, obwohl sie süß schmecken, genau genommen kein Obst. Sie sollten stets reif und nur allein gegessen werden, da sonst in Magen und Darm Gärung entsteht. Die Melone hat ebenfalls einen sehr hohen Anteil an Vitamin A und Folsäure.
- Die Melone unterstützt die Blutbildung, hat eine günstige Wirkung auf die Nieren und ist hilfreich

bei Rheuma und Gicht. In südlichen Ländern wird morgens ein Glas Wassermelonensaft getrunken – der beste Schutz gegen feindliche Darmbakterien!

***

Bittermelonen

- auch Bittergurke, Bitterbirne, Karela oder Goya genannt. Die Bittermelone ist keine Frucht, sondern gehört zur Familie der Kürbisgewächse.
- Das Besondere an der Bittermelone ist, dass sie erfolgreich gegen Zuckerkrankheit und zur Gewichtsreduzierung verwendet wird. Sie ist reich an Omega-3-Fettsäuren, Vitamin B1 und B2 und Vitamin C. Hinzu kommen die Mineralien Calcium, Eisen, Kalium, Kupfer und Phosphor.
- Die Bittermelone wird sehr vielseitig verwendet, als pürierte Gemüsebeilage, Saft oder gepresste Tabletten. In der Naturheil- und Volksheilkunde wird sie auch gegen Geschwüre des Magens und Zwölffingerdarms eingesetzt.[36]

Die gesunden Beeren

Heidelbeeren

- Die Heidelbeere hat viele Namen wie Blaubeere, Bickbeere, Moosbeere, Mollbeere, Schwarzbeere, Wildbeere, Waldbeere, Zeckbeere oder Heubeere.
- Sie ist so beliebt, weil sie gut schmeckt und eine besondere starke antioxidative Wirkung hat. Sie hat einen sehr hohen Kaliumgehalt, enthält Vitamin C und A sowie Calcium.
- Die Heidelbeere wirkt stark entzündungshemmend und ist antiseptisch.
- Die getrockneten Beeren sind ein beliebtes Mittel gegen Durchfall aufgrund des Pektingehalts und der Gerbsäure. Frische Heidelbeeren verhelfen dagegen zu einem besseren Stuhlgang.

***

Himbeeren

- Die Himbeere ist inzwischen noch beliebter geworden, weil sie erfolgreich zur Unterstützung bei Krebs eingesetzt wird. Sie entsäuert aufgrund des Basenüberschusses, denn auch Himbeeren enthalten sehr viel Kalium, Calcium, Phosphor und Magnesium.
- Die Blätter der Himbeere werden gerne als Tee verwendet.

***

Rote Johannisbeeren

- Sie besitzen viel Fruchtsäure, sind reich an Vitamin C, B1 und Niacin. Niacin wirkt stark durchblutungsfördernd und regt damit die Drüsen, auch die des Darmes, an.
- Die Fruchtsäure hilft, krankmachende Bakterien zu unterdrücken.

***

Schwarze Johannisbeeren

- Reife schwarze Johannisbeeren schmecken nicht ganz so sauer wie die roten.
- Die schwarze Johannisbeere besitzt sehr viel Vitamin C, das für die Widerstandskraft des Blutes und der Elastizität der Kapillargefäße dient. Vitamin C unterstützt sehr gut das Immunsystem.
- Der Niacingehalt ist besonders hoch. Niacin fördert die Durchblutung aller Drüsen, auch der Geschlechtsdrüsen.
- Aufgrund des hohen Kaliumgehaltes wirken die Beeren stark entsäuernd und entschlackend.
- Bei Durchfall ist es hilfreich, täglich ein Glas vom Saft zu trinken.

***

Sanddornbeeren

- Die Sanddornbeere ist bekannt durch ihren hohen Anteil an Vitamin C und Carotin. Sie wirkt deshalb besonders gut bei Infektanfälligkeit und Frühjahrsmüdigkeit.

- Die Sanddornbeere unterstützt den Kreislauf und Stoffwechsel. Bei Nierenfunktionsschwäche und Stauungen im Bindegewebe hilft sie aufgrund der wassertreibenden Wirkung.
- Die Sanddornbeere lindert auch bei Rheuma und bei Allergien.

***

Stachelbeeren

- Reife Stachelbeeren eignen sich hervorragend, um Schlacken auszuschwemmen. Zellulose und Fruchtzucker wirken blutreinigend und harntreibend. Das Vitamin C und die Mineralien Calcium, Eisen, Natrium und Phosphor sorgen für die Blutbildung.

***

Weintrauben

- Weintrauben haben eine starke entschlackende und blutreinigende Wirkung. Eine Weintraubenkur ist dafür sehr gut geeignet. An ein bis zwei Tagen werden ein bis zwei Kilogramm Trauben gegessen. Auf jegliche andere Nahrung wird verzichtet.
- Bitte nur reife Weintrauben essen!

Die lebenswichtigen Öle

Ob ein pflanzliches Öl hochwertig ist oder nicht, liegt an der Art der Herstellung und daran, ob die ölhaltigen Früchte und Samen aus biologischem, genfreien Anbau stammen. Wichtig ist, dass das Öl kaltgepresst und nativ (naturbelassen) hergestellt wird. Öle besitzen besonders viel Lichtkraft, die wir für unsere Zellen brauchen.[37] Kernöle besitzen meist sehr viel mehr Lichtkraft, um diese an die Körperzellen weiterzuleiten.

Außerdem zeichnen sich gute Öle durch ihren Anteil an ungesättigten Fettsäuren aus, d. h. an Omega-Fettsäuren. Hier sind es vor allem die Omega-3- und Omega-6-Fettsäuren, die der menschliche Körper täglich über die Nahrung aufnimmt, da er diese Fettsäuren nicht selbst herstellen kann. Mit anderen Worten gesagt, es sind essentielle Fettsäuren.

Einfach ungesättigte Fettsäuren sind überwiegend in Olivenöl, Rapsöl und Haselnussöl enthalten.

Omega-6-Fettsäure oder Linolsäure ist zweifach ungesättigt und kommt hauptsächlich als Pflanzenöl vor. Weizenkeimöl, Sonnenblumenöl, Kürbiskernöl, Walnussöl, und Traubenkernöl sind linolreiche Pflanzenöle.

Omega-3-Fettsäure oder Alpha-Linolensäure ist dreifach ungesättigt und kommt nur in wenigen Pflanzenölen vor wie Leinöl, Rapsöl, Sojaöl, Walnussöl und Weizenkeimöl.[38] Damit wird klar, dass die Öle nicht nur Nahrung sind, sondern besondere Energielieferanten. Die Zellen benötigen die essenziellen Fettsäuren zum Aufbau ihrer

Zellmembranen und für die Reizweiterleitung. Insbesondere sind die Haut, die roten Blutkörperchen und die Zellen des Immunsystems auf diese guten Energielieferanten angewiesen. Auch die Blutgefäße und die Fließfähigkeit des Blutes profitieren davon.

Die hochwertigen biologischen und nativen (naturbelassenen) Pflanzenöle beinhalten außerdem Phytosterine (sekundäre Pflanzenstoffe). Phytosterine haben sich inzwischen bei Krebserkrankungen bewährt, besonders bei Dickdarmkrebs, Brustkrebs und Prostataschwellungen. Natürlich sind in den besonderen Ölen auch die Vitamine E und Carotine enthalten. Das wichtige Vitamin K kommt in den naturbelassenen Ölen vor, welches besonders wichtig für Blutgerinnung ist und für den Erhalt der Knochenmasse sorgt.[39]

***

Olivenöl

In der Antike hieß es: Wer einen Olivenbaum besitzt, ist reich. Homer beschrieb das Olivenöl als flüssiges Gold.

- Die Olive und das gepresste Öl aus dem Kern enthalten besonders viel Lichtanteile, die vom Sonnenlicht gespeichert wurden.

  »Der Ölbaum ist der erste unter allen Bäumen«, (Columella, römischer Schriftsteller, 60 n. Chr.).

- Das erste kaltgepresste gelbgrüne und goldgelbe Öl heißt Jungfernöl. Es enthält bis zu 80 Prozent ungesättigte Fettsäuren, dazu Enzyme, Kalium, Calcium, Magnesium, Natrium und die Vitamine A, B1 und B2.

- Das kaltgepresste Jungfernöl wird zur Verdauungsförderung, bei Krämpfen und zur Entzündungshemmung angewendet. Es fördert den wichtigen Gallefluss und hilft bei Atemwegserkrankungen. Äußerlich hilft es der Haut auf vielerlei Weisen. Zwei Esslöffel Olivenöl im Badewasser machen die Haut sehr geschmeidig und elastisch.[3]

- Das Olivenöl enthält sehr viele einfach ungesättigte Fettsäuren sowie Omega 6 und einen kleinen Teil Omega 3.

***

Leinöl

- Das Leinöl hat die meisten Omega-3-Fettsäuren-Anteile bei den pflanzlichen Ölen – und ist damit sozusagen der Spitzenreiter. Mit anderen Worten, als Veganer/In ist es wirklich einfach, auf Fischöl zu verzichten.

- Das Verhältnis von Omega-6- und Omega-3-Fettsäuren ist sehr ausgewogen. Leinöl hat zudem blutfettsenkende Eigenschaften und kann zur Normalisierung des Bluthochdrucks beitragen. Ein Esslöffel Leinöl täglich deckt den Tagesbedarf an der essenziellen Omega-3-Fettsäure (Alpha-Linolensäure).

- Wichtig ist, dass das Leinöl erst nach dem Kochen zugegeben wird. Hitze zerstört die ungesättigten Fettsäuren.[40]

***

Sonnenblumenöl

- Sonnenblumenkerne besitzen viel Protein, oft viel mehr als Fleisch, Eier und Käse. Das Öl ist reich an den Vitaminen B, D, E, K sowie an Calcium, Phosphor, Kieselsäure, Magnesium, Fluor und Spurenelementen, außerdem an Lecithin und Carotinoiden. Übrigens ist der Vitamin D-Gehalt um ein vieles höher als im Lebertran.
- Das Sonnenblumenöl besitzt mehrfach ungesättigte Fettsäuren.
- Berühmt ist das Sonnenblumenöl durch die »Sonnenblumentherapie des Ölziehens« nach Dr. F. Karach geworden. Er fand heraus, dass es optimal zum Entgiften und Entschlacken ist. Es wird für 10 bis 20 Minuten im Mund gekaut, gezogen und gespült – dann aber ausgespuckt![41]
- Raps- und Rapskernöl enthalten neben Omega-6- auch sehr viel Omega-3-Fettsäuren und Vitamin E.
- Es hat einen nussigen Geschmack und eignet sich zum Kochen, Braten und für Salate. Auch die Autofahrer profitieren teilweise davon, was aber ein anderes Thema wäre.

***

Walnussöl

- Auch das Walnussöl ist besonders hochwertig, denn es enthält neben Omega-6- noch die Omega-3-Fettsäuren. Die B-Vitamine sind besonders für das Nervensystem und für die Leistung des Gehirns hilfreich. Der Vitamin C-Gehalt ist 10 Mal höher als bei Zitrusfrüchten! Vitamin C stärkt das Immunsystem, wirkt blutdrucksenkend, regt den Fettstoffwechsel an, unterstützt das Herz und den Kreislauf.
- Das Walnussöl fördert die Heilung bei operativen Eingriffen. Es enthält außerdem Calcium, Eisen, Magnesium und Phosphor.
- Wie bereits im Kapitel »Vegan und Sex« (S. 86) erwähnt: Walnussöl gleicht einem Aphrodisiakum. Attila Hildmann nennt es das vegane Viagra.[42]

∗∗∗

Weizenkeimöl

- Das Weizenkeimöl hat den meisten Vitamin E-Anteil aller pflanzlichen Öle und ist somit ein ideales Antioxidant. Es besitzt sowohl Omega-6-Fettsäure wie auch Omega-3-Fettsäure.
- Es wird gerne über warme Speisen verwendet, bitte aber nicht erhitzen! In der Kosmetik sorgt es für eine wunderbare Haut.

∗∗∗

Sojaöl

- Das Sojaöl besitzt gleich drei verschiedene Omega-Fettsäuren: die Omega-9-Fettsäure, Omega-6-Fettsäure und Omega-3-Fettsäure. Es gehört zu der Gruppe von Ölen, die auch hoch erhitzt werden dürfen (jedoch nicht über 235 Grad), kann also zum Braten, Backen und Frittieren verwendet werden.
- Es besitzt außerdem einen hohen Lecithingehalt sowie die Vitamine E und K und etliche Mineralstoffe, Spurenelemente und Phytosterine. Auch in der Kosmetik wird es angewendet: Es beruhigt die Haut und macht sie geschmeidig. Ebenso profitiert die Darmschleimhaut vom Schutz des Sojaöls. Achten Sie darauf, nur biologisch-organisch einwandfreies Öl zu kaufen!

***

Kokosöl

- Sehr beliebt ist das Kokosöl. Es hat einen hohen Anteil an Laurinsäure und Caprylsäure. Es stellte sich heraus, dass diese beiden Säuren erfolgreich gegen Bakterien, Viren und Protozoen wirken. Es verbessert die Körperfettwerte, besonders bei Leberkrankheiten oder bei Alkoholmissbrauch.
- Kokosöl besitzt einen Omega-9-Säure- und Omega-6-Säure-Anteil.
- Sehr gerne wird das Kokosöl für die Körperpflege eingesetzt, sei es bei Massagen am Körper und der

Kopfhaut. Es wird, wie das Sonnenblumenöl, für die Entgiftung empfohlen, indem es auch hier für die Mundspülung eingesetzt wird. (Bitte vorher etwas erwärmen.)

***

Mandelöl

- Die Mandelkerne haben einen sehr hohen Lichtanteil. Die optimale Zusammensetzung der Vitamine A, B1, B2, B6 und E mit dem Proteinanteil ergeben eine gute Hirnnahrung.
- Das sehr kostbare Mandelöl wirkt sich positiv auf die Verdauung aus, es unterstützt das Immunsystem, den Kreislauf, das Herz, und es senkt einen hohen Cholesterinspiegel.
- Es ist ideal für die Hautpflege geeignet – sowohl für Babys und Kinder, als auch für Erwachsene. Übrigens: Bei Ohrenschmerzen helfen oft ein paar Tropfen, einfach ins Ohr träufeln.

Das Grün in der Nahrung

Die berühmte Äbtissin, Mystikerin und Heilerin des Mittelalters, *Hildegard von Bingen* (1098–1179), kannte die heilende Kraft des Grüns – die Viriditas. Sie beschrieb sie in vielen Einzelheiten.

Tatsache ist, dass wir ohne das Pflanzengrün nicht leben könnten, denn es würde der notwendige Sauerstoff zum Atmen fehlen. Pflanzenzellen atmen Kohlendioxyd ein und spalten es in Kohlenstoff und in dem Leben spenden-den Sauerstoff auf, den sie an die Atmosphäre abgeben. Das Wasser aus den Wurzeln der Pflanzen wird in Wasser-stoff und Sauerstoff getrennt. Bei der Photosynthese ent-steht das wichtige **Chlorophyll, der grüne Farbstoff von Pflanzen**. Chlorophyll nimmt Sonnenlicht als Energie auf, verbindet Wasser- und Kohlendioxyd-Moleküle und ver-wandelt sie in Traubenzucker. Dieser bildet die Nahrungs-grundlage der Pflanzen.

Mit Hilfe der Sonnenlichtenergie kann die Pflanze aus anorganischem Material – also aus Wasser, Luft, Minera-lien und Spurenelementen – Organisches aufbauen, zum Beispiel Zucker, Fett, Eiweiß und Vitamine. Die Pflanze mit ihrem Blattgrün ermöglicht somit das Leben von Mensch und Tier.

Grün ist unser Lebensspender, die gespeicherte Lebens- und Lichtenergie schlechthin.[3]

Essen wir also möglichst viel frisches Grün wie Salate aller Art, Dill, Kerbel, Kresse, Petersilie, Schnittlauch, Zi-tronenmelisse, Rosmarin, Basilikum und andere Kräuter.

Natürlich gibt es auch ein großes Angebot an grünem Gemüse wie grüne Bohnen, Spinat, grüne Gurken, Zucchini, Brokkoli, Wirsingkohl, Grünkohl, Avocado oder die bekannten Heilkräuter wie Minze, Huflattich, Löwenzahn, Weinraute und nicht zu vergessen die vielen Früchte wie grüne reife Äpfel, grüne reife Birnen, grün-gelbe Trauben, Rhabarber usw.

Grün gilt in der medizinischen Farbtherapie als d i e Farbe der Heilung.[43]

Grüne Smoothies

Sehr oft ist es so, dass vor allem Kinder nicht so gern Salate oder Gemüse essen. Als Alternative sind die grünen Smoothies ideal. Natürlich sind Erwachsene genauso dazu eingeladen. Smoothies herzustellen ist sehr einfach.

Alles, was Sie dazu brauchen ist folgendes:

- grüne, jedoch reife Früchte
- grünes Blattgemüse, jedoch keine Kohlsorten
- etwas Wasser oder Saft.

Zubereitung

- Geben Sie eine große Tasse Wasser oder Saft mit ungefähr 120 bis 150 Gramm klein geschnittenem Blattgrün oder grünen Küchenkräutern in den Mixer. Nach etwa zwei Minuten fügen Sie circa 120 bis 150 Gramm klein geschnittene Früchte dazu. Mixen Sie nun alles, bis eine cremige Flüssigkeit entsteht. Falls sie zu dickflüssig ist, geben Sie noch etwas Flüssigkeit hinzu.

- Inzwischen gibt es sehr gute Bücher über Smoothies mit vielen Anregungen für eigene Smoothie- Kreationen.

- Auf alle Fälle guten Appetit!

Danksagung

Hiermit bedanke ich besonders bei all denjenigen Menschen und vor allem bei den jungen Erwachsenen, die den Mut aufbringen, etwas im Leben zum Positiven zu verändern! Aufgrund ihrer besonderen achtsamen Lebensweise sind diese Menschen lebendige Beispiele dafür, dass mit Gewaltlosigkeit und ethischen Grundsätzen sehr viel erreicht werden kann.

Außerdem danke ich der Buchhandlung Wrage dafür, dass sie mich zum 1. Vegan-Kongress 2012 in Hamburg als Rednerin eingeladen hatte. Hier wurde die Idee geboren, dieses Büchlein zu schreiben, damit möglichst viele Leser das vegane Gedankengut und Leben verstehen und nachahmen können. Ich bedanke mich besonders bei den vielen Zuhörern, die mir den Mut und die Anregung durch ihr positives Feedback gaben.

Auch danke ich der Organisation des alljährlichen »Veggiefest in Chicago«. Schon seit acht Jahren durfte ich dort als Sprecherin auftreten und habe viele Anregungen durch Kollegen erhalten. Es ist sozusagen eine win-win-Situation.

Wie sagte doch Leo Tolstoi so treffend: »*Solange noch Schlachthöfe stehen, wird es auch Schlachtfelder geben*«.

Aufgrund der veganen Bewegung trägt jeder Einzelne zu mehr Gleichheit, Ethik, Harmonie und letztendlich zum Weltfrieden bei.

Vielen Dank von meiner Seite den Autoren der vielen, guten und positiven Zeitungsartikel über die vegane Weltanschauung!

Und Ihnen, dem Leser, danke ich, dass Sie sich die Mühe gemacht haben, etwas mehr über die Hintergründe dieser Bewegung zu erfahren. Falls Sie noch Schwierigkeiten mit der Umsetzung oder der Veränderung der alten Gewohnheiten und Verhaltensmuster haben sollten: Es gibt ein wunderbares Buch: »Das Phoenix Prinzip – die Kunst sich selbst zu retten«. Dieses Buch kann Ihnen helfen, alte Muster loszulassen und den Mut aufzubringen, etwas Neues zu beginnen.

In diesem Sinne!

Ihre
Ingrid Kraaz von Rohr

Literatur- und Quellennachweis

[1] Darshan Singh, *Spirituelles Erwachen*, Goldmann, 1987

[2] *STERN, Fleischlos glücklich*, 2011

[3] Ingrid Kraaz von Rohr, *Gute Laune kann man essen – Farbtherapie aus der Küche*, Nymphenburger, 2008

[4] American Journal Clinical Nutrition, Vol. 78, Nr. 3, (S. 660S-663S-1703S)

[5] Food and Agricultural Organization, 2006

[6] Planet Wissen, Sendung *Vegetarier – Fleischlos glücklich*, 9.03.2011

[7] Stehfest., Bouwman I., van Vuuren D., den Elzen M., Eickout B., Kabat P., *Climate benefits of changing diet*, 2006 (http: tier-im-focus.ch)

[8] Popp A., Lotze-Campena, H., Bodirskya, B., *Food consumption, diet shifts and associated non-CO2 greenhouse gases from agricultural production*, Global Environmental Change, 2010

[9] Vegetarierbund Deutschland

[10] Jens Trautwein, *Der Wassermann*, Heft 1, 2013

[11] Milton, R. Mills, M. D., *The Comparative Anatomy of Eating*, siehe Vegetarismus.Ch

[12] Dr. Neal D. Barnard, Vorsitzender des Physicians Committee for Responsible Medicine – PETA Deutschland e.V. www.peta.de/web/weltkrebstag.6870.html

[13] Ingrid Kraaz von Rohr, *Gesundes Leben aus Glaube, Liebe, Licht und Natur*, Heyne, 1993

[14] Uwe Keuerleber, *SÜDWEST PRESSE*, 21.03.2013

[15] *DIE WELT, Veganer meiden Sex mit Fleischessern,* 31.07.2007

[16] Men's Health, *Nahrung, die das Sperma stärkt,* 17.08.2008

[17] Diana Richardson, *Zeit für die Liebe,* Edition Innenwelt, 2013

[18] Attila Hildmann, *Fit for Fun,* 2012

[19] Vegetarismus.CH

[20] The London Times, *Auslösung der Aids-Epidemie,* 11.05.1987

[21] Rajinder Singh, *Der göttliche Funke,* SKP Verlag 2012

[22] nach *Reformhauskurier*

[23] nach *Schrot & Korn*

[24] nach *Natürlich,* 1,13

[25] nach *Natürlich*

[26] Ingrid Kraaz von Rohr, *Meine tägliche Farbe – ganz einfach, Kochkarten für die tägliche Schlemmerei in 31 verschiedenen Farben,* Königsfurt-Urania, 2008

[27] siehe auch: peta.de, *Die Sache mit dem Protein*

[28] Deutsches Ärzteblatt, *Buddhistische Nonnen: Keine Osteoporose trotz veganer Kost,* 17.04.2008

[29] VeganBlog.de

[30] Vegan-gesellschaft.de

[31] VeganBlog.de

[32] Brigitta Klingel, *Exemplarisch vegetarisch,* SKP, 1995

[33] Ingrid Kraaz von Rohr, *Die Spur des Lichts,* Allegria 2013

[34] Helmut Wandmaker, *Willst Du gesund sein? Vergiss den Kochtopf!,* Natura Viva, 2000

[35] WomanWeb.de

[36] Siegfried Bäumler, *Bittermelone*, Natürlich, Heft 2, 2012

[37] Ingrid Kraaz von Rohr, *Die Spur des Lichts*, Allegria, 2013

[38] Vitaquell

[39] Rapunzel Naturkost

[40] nach Aussagen des Herstellers, Rapunzel Naturkost

[41] internet: m-eubel,de/Infos/div/sonne.html.

[42] internet: elitphito.com/de/news/maslo-greckogo-oreha-istochnik-zdorovya)

[43] Ingrid Kraaz von Rohr, *Die Farben deiner Seele, Handbuch mit 12-Farben-Test*, Schirner Verlag, 2013

Literaturempfehlung: Britta Diana Petri, *Vegane Käsespezialitäten*, Schirner, 2014

Literatur der Autorin

- *Die Spur des Lichts, Göttliche Weisheit in Aktion,* Allegria, 2013
- *Die Farben deiner Seele, Handbuch mit 12-Farben-Test,* Schirner Verlag, 2013
- *Farb-Energie-Set – 12 Farbuntersetzer zum Aufladen,* Schirner Verlag, 2013
- *Gute Laune kann man essen – Farbtherapie aus der Küche,* Nymphenburger, 2013
- *Das Phoenix-Prinzip – die Kunst sich selbst zu retten,* (zus. mit Gabi Pörner), Allegria, 2012
- *Edelstein Orakel – Farbtherapie mit Edelsteinen,* Koenigsfurt-Urania, 2008
- *Farbtherapie – Basiswissen und deren Anwendung,* Nymphenburger, 2008
- *Kraft und Magie der Farben,* (zus. mit Wulfing von Rohr), Allegria, 2008
- *Meine tägliche Farbe zur Stärkung der Persönlichkeit,* Kartenset, Koenigsfurt-Urania, 2008
- *Naturheilbuch: Schnelle Hilfe bei Krankheiten, Schmerzen und Beschwerden von A-Z,* Nymphenburger, 2007
- *Meine Kraftfarben finden,* Kartenset, Koenigsfurt-Urania, 2005
- *Think Pink – positiv denken und leben mit Rosa,* Nymphenburger, 2005
- Farbhandlampe LEP, Wrage
- *Die richtige Schwingung heilt,* (zus. mit Wulfing von Rohr), Goldmann, 1989

Vorträge, Seminare und Workshops

- **Über die Themen der o. a. Bücher:**

Naturheilpraxis Ingrid Kraaz von Rohr
T. +49(0)89 641 1110
email: ingridk.vonrohr@gmail.com